Lexikon | *obras de referência*

PAULO GEIGER
RENATA DE CÁSSIA MENEZES DA SILVA

a nova ortografia sem mistério

do ensino fundamental ao uso profissional

© Paulo Geiger, Renata de Cássia Menezes da Silva

Todos os direitos reservados. Nenhuma parte desta obra pode ser apropriada e estocada em sistema de banco de dados ou processo similar, em qualquer forma ou meio, seja eletrônico, de fotocópia, gravação etc., sem a permissão do detentor do copirraite.

LEXIKON EDITORA DIGITAL LTDA.
Rua do Mercado, 17/11º andar – Centro – 20010-120
Rio de Janeiro – RJ – Brasil
Tel.: (21) 2526-6800 – Fax: (21) 2526-6824
www.lexikon.com.br

DIRETOR EDITORIAL
Carlos Augusto Lacerda

ORGANIZAÇÃO E TEXTO
Paulo Geiger
Renata de Cássia Menezes da Silva

EDITOR
Paulo Geiger

PROJETO GRÁFICO E DIAGRAMAÇÃO
Ilustrarte Design e Produção Editorial

IMAGEM DE CAPA
Jiri Moucka/Shutterstock

CIP-Brasil. Catalogação na Fonte
Sindicato Nacional dos Editores de Livros, RJ

G271n   Geiger, Paulo, 1935-
       A nova ortografia sem mistério : do ensino fundamental ao uso profissional / Paulo Geiger, Renata de Cássia Menezes da Silva. – Rio de Janeiro : Lexikon, 2009.

       ISBN 978-85-86368-56-1

       1. Língua portuguesa – Ortografia e soletração. 2. Reforma ortográfica. I. Silva, Renata de Cássia Menezes da, 1965-. II. Título.

09-1578.   CDD 469.152
                                                 CDU 811.134.3'354

Sumário

Introdução: Para pensar sobre o Acordo Ortográfico	5
Um *faz de conta superespetacular* (uma historinha na nova ortografia, que às vezes é a mesma que a velha)	15
A nova ortografia (guia rápido e simplificado)	19
O que muda e o que fica pelo novo Acordo Ortográfico (todo o Acordo em formato de matriz)	30
Antes e depois da nova ortografia (4 mil palavras e locuções que mudaram)	60
Acordo Ortográfico da Língua Portuguesa (reprodução fac-similar)	125
Nota final sobre o atual acordo	160

Introdução

Para pensar sobre o Acordo Ortográfico

Tem-se falado muito em reforma ortográfica, em novo acordo, e o que tudo isto significa? Temos falado no que muda, no que cai, no que passa a ser, no que deixa de ser. As pessoas perguntam, intrigadas: como ficam os acentos? *Ideia* ainda tem acento? E *herói*? Mas em *heroico* o acento não caiu? Alguns brincam: *vão-se os pelos* (ê), *mas ficam os anéis. Como eu vou enxaguar os cabelos?* dizem outros fazendo graça. O hífen em *tomara que caia* já caiu ou vai cair? pergunta um mais engraçadinho. O trema de *linguiça*, que cai, obrigatoriamente; o acento de *fôrma*, que volta, facultativamente (ou seja, se o freguês assim o quiser, é claro). E o hífen como fica? Ou não fica? Muitas questões, muitas dúvidas no ar.

A intenção deste guia é mostrar que é possível transitar por todo este burburinho de modo mais tranquilo (sem trema e sem tremer de medo).

Para isto, queremos que você pense conosco sobre algumas coisas e reveja também alguns conceitos, que acreditamos sejam importantes para a compreensão do que está acontecendo. Afinal, tudo tem uma razão de ser. E, concordando ou não com esta ou aquela razão, podemos estar bem informados, preparados para seguir em frente, pois o acordo está aí e vamos ter de conviver com ele.

Vamos pensar, então, sobre o conceito de língua.

O que é língua?

Alguém vai lembrar: é um músculo. Sim, a palavra língua também é o nome de um músculo. É o músculo responsável pelo paladar, e que participa do processo de digestão, ao auxiliar na mastigação e na deglutição (ou seja, nos atos de mastigar e de engolir). Este músculo também auxilia num outro processo de grande importância: na produção de sons, do chamado aparelho fonador.

No nosso caso, o músculo (que chamamos de língua) auxilia na produção dos sons com os quais nos comunicamos, e que auxilia na *fala*.

Pois bem, que outro sentido tem a palavra *língua*? O que ela quer dizer?

Língua também é a palavra que usamos para nos referir ao 'sistema de sons e palavras com os quais nos comunicamos, com os quais expressamos o que pensamos, sentimos, queremos, sabemos etc.'

Mas existem várias línguas no mundo. Há cerca de seis mil línguas em todo o globo. Muitas delas são faladas por um único povo (muitas são faladas por muito pouca gente e estão em via de extinção), outras são faladas por tanta gente que passam a correr o mundo, tornando-se segunda língua de milhões e milhões de pessoas. Há povos que se comunicam apenas por uma língua, há outros que têm várias.

Porém, é bom lembrar que a língua de um povo, aquela que é o instrumento de realização de sua gente no *dia a dia* (que agora perdeu o hífen), no correr das horas, no vasto dinamismo dos acontecimentos e das necessidades que todos temos, é também, na maior parte das vezes, aquela que representa um povo perante os outros povos, uma nação perante outras nações, e é aquela que ajuda a colocar nossos costumes, nossa cultura, nosso modo de sentir e de expressar na história da humanidade, o que, de uma forma ou de outra, nos faz chegar ao futuro. Mas nem todas essas seis mil línguas vão chegar ao futuro, dirão os especialistas. Decerto que não.

> Segundo estudos da Unesco (2006/2009), metade desses 6.000 idiomas terá desaparecido até o ano de 2100.

Há uma série de fatores que resultam na vida, sobrevida ou extinção de uma língua: a grande diversidade cultural, o número de falantes, a força cultural de seu povo, todo tipo de influências externas (de ordem militar, política, religiosa, econômica...), a localização geográfica, etc.

As influências externas, ainda segundo especialistas, são a grande ameaça à sobrevivência de um idioma.

O principal fator, porém, de consolidação de uma língua, aquilo que a faz perdurar anos e anos a fio é a sua força como instrumento de realização de seu povo, por manter-se viva no interior de uma cultura, da qual ela faz parte e a qual ela representa, no meio da imensa diversidade cultural existente no planeta. Isto é a língua viva, da qual nos valemos todo o tempo na fala, e à qual os povos com escrita (alfabética) recorrem, atualmente, pelos mais variados tipos e meios de comunicação: cartas, cartazes, rótulos, bulas, cardápios, receitas, *e-mails*, adesivos, panfletos, folhetos, placares eletrônicos (ou não), boletos, jornais, revistas, livros, dicionários, enciclopédias, *outdoors*, *sites*, etc.

A maioria absoluta das línguas existentes, porém, não possui um sistema de escrita.

Está certo que não é a escrita que faz com que uma língua permaneça viva ao longo dos séculos — o maior exemplo disso é o latim, língua morta (ou seja, não mais falada por um povo, apenas documentada), que gerou, porém, tantos vínculos com o presente por meio das chamadas línguas neolatinas (português, francês, espanhol, italiano, romeno etc.) e de línguas como o inglês, que tanto se serviu do léxico do idioma romano, além de nomenclaturas internacionais, como a científica (zoologia, botânica, anatomia humana etc.), a jurídica (do direito romano) etc. É certo, porém, que a escrita, por muitos considerada como um outro código, por outros vista apenas como uma representação da fala, foi, é e se torna, cada vez mais, um forte elemento de consolidação da cultura de um povo. Os registros de toda espécie que a escrita possibilita ajudam-nos não só na transmissão do conhecimento (seja ele qual for), na comunicação de dados e informações que julgamos necessários para nós ou para alguém, mas também na preservação daquilo que somos e do que sonhamos ser.

Se a língua de um povo é o primeiro elemento de sua identidade, a escrita nos serve como um documento dessa identidade: é o nosso registro de identidade, aquele pelo qual seremos identificados pelas novas gerações.

Sabemos que língua e escrita são invenções humanas. Elas não existem na natureza, como as frutas, as flores, os bichos, as pessoas, os mares, etc. As línguas, embora criações, ganham vida própria, se enriquecem, sofrem alterações, se iluminam e perecem, como se tivessem sido criações da natureza e não de um povo ou de alguns povos. Os sistemas de escrita também podem sofrer alterações, mas estas serão frutos de convenções, de decisões que são tomadas, em geral, com o intuito de fortalecimento da língua, seja internamente, como instrumento e objeto de ensino, seja externamente, como instrumento de representatividade perante as outras nações.

Se hoje o português é a oitava língua mais falada em todo o mundo, decerto está longe de fenecer, afinal são cerca de 210 ou 220 milhões de falantes em quatro continentes. O que nos faz pensar que o maior de todos os objetivos do novo acordo é fortalecer política, cultural e economicamente a identidade dos países lusófonos, perante os povos de outras línguas.

UNIFICAÇÃO ORTOGRÁFICA

Unificação
é a ação, processo ou resultado de ***Unificar***.
é tornar(-se) um só, ou como se assim o fosse.

A ideia de ***unificação*** da forma de escrever em português não é recente. Ela existe desde o início do século XX, quando em 1911

Portugal fez a primeira grande reforma ortográfica. Por ter sido, entretanto, um ato unilateral, isto é, decidido apenas pelos portugueses, a dita reforma por aqui não valeu. Desde então ocorreram outras tentativas, algumas em conjunto, outras não, algumas aprovadas pelos dois lados, outras não: 1931, 1943, 1945, 1971-1973, 1975, 1986 e 1990.

E o que nos faz pensar que o processo de agora terá bons resultados? Além do momento político atual, a participação não só de Brasil e de Portugal, mas de todos os países lusófonos.

BRASIL, PORTUGAL, ÁSIA E ÁFRICA

Todo mundo sabe que aqui no Brasil nós falamos português e que em Portugal também é assim. Nem todo mundo sabia, porém, que na Ásia e na África também existem países que têm o português como língua oficial.

O que isto quer dizer?

Língua oficial — é aquela pela qual uma nação é, oficialmente, representada perante os outros países. O mais importante, porém, é que a língua oficial é a ensinada nas escolas públicas e privadas de um país, é aquela de que se valem os meios de comunicação para levar todo tipo de informação ao povo, é a língua dos documentos, dos registros, de todo tipo de comunicação que o governo, seus órgãos e instituições produzem. No nosso caso, é a língua na qual é escrita a Constituição da nação.

Mas falamos primeiro em duas nações (Brasil e Portugal) e depois em, no mínimo, quantas mais? Além de Portugal e do Brasil, o português ainda é a língua oficial de mais seis países: cinco da África (Angola, Cabo Verde, Guiné-Bissau, Moçambique e São Tomé e Príncipe) e um da Ásia (Timor Leste).

Vamos ver no mapa como isto tudo foi possível.

O mundo da lusofonia

Na época das grandes navegações Portugal expandiu seus domínios a outras terras, como por ex.: Macau e Timor (na Ásia), Cabo Verde, Guiné-Bissau, Angola, São Tomé e Príncipe, Moçambique (na África) e Brasil (na América do Sul).

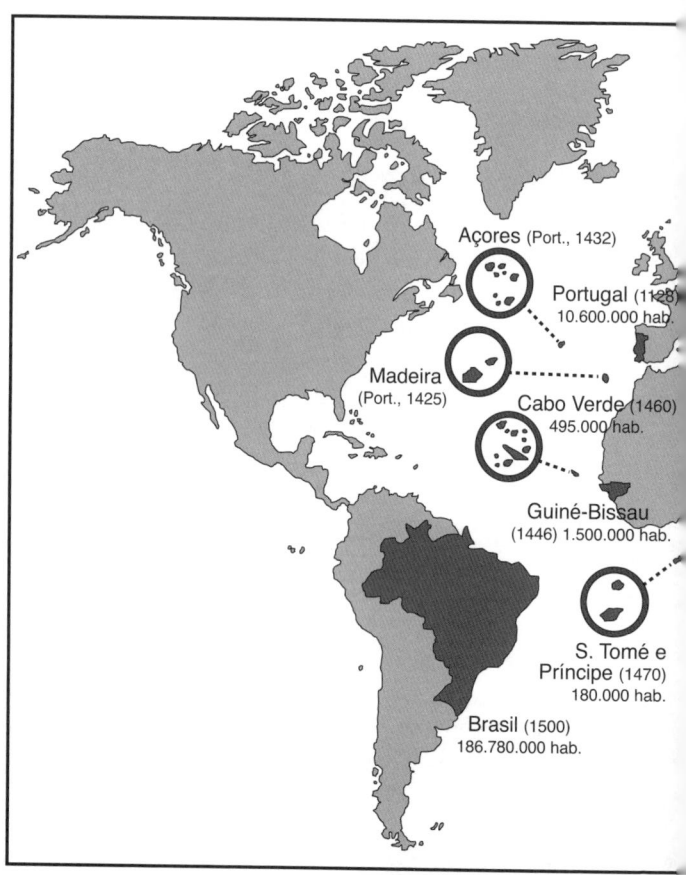

Para pensar sobre o Acordo Ortográfico ∞ 11

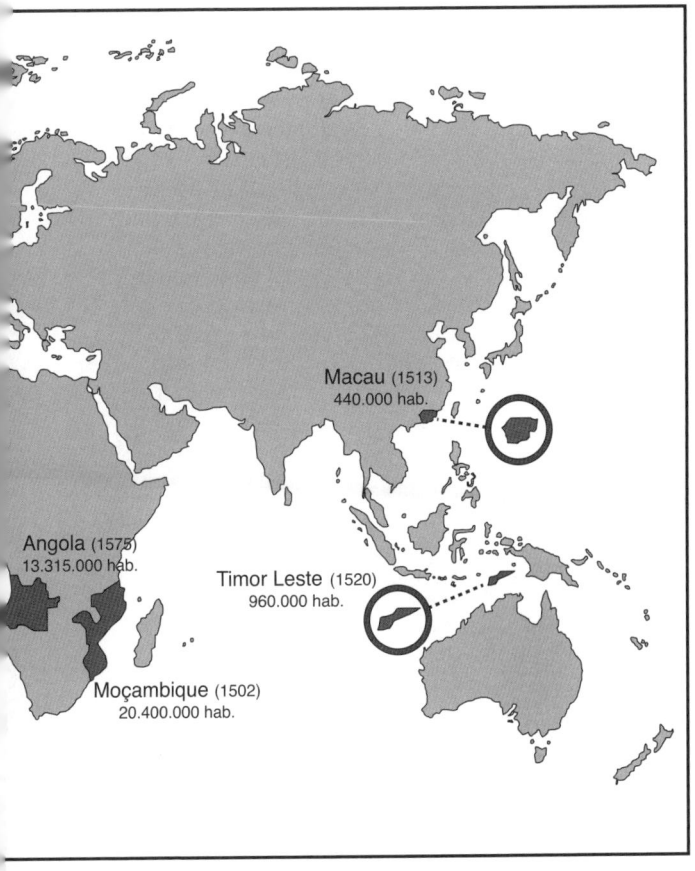

Brevíssima história da língua portuguesa

É bom lembrar que o português é uma língua neolatina, isto é, que teve origem no latim, no idioma dos romanos. Todos sabem que os romanos conquistaram boa parte do continente europeu, o norte da África e estenderam seu domínio até parte da Ásia, e isso por muitos séculos (do séc. VIII a.C. ao séc. V d.C). Com o passar do tempo, porém, os romanos foram perdendo força e também as terras ocupadas para outros povos. Na Hispânia — nome latino do que entendemos, *grosso modo*, como península Ibérica, o latim vulgar (ou seja, o falado pelo povo), mesclado aos idiomas da região, acabou por dar origem a novos dialetos. De um desses romanços (nome genérico dos dialetos derivados do latim) nasceu o português, língua cujo nome deriva de Portugal (Portucale), a nação fundada, em 1143, por Afonso Henriques, filho de D. Henrique, um dos grandes nomes da resistência europeia ao domínio mouro. [Após três séculos de domínio germano, a península Ibérica foi tomada, no séc. VIII, pelos árabes. Por muitos anos os povos ibéricos lutaram contra a invasão moura, e os que ofereceram maior resistência, dizem os historiadores, foram os lusitanos.]

Portugal prosperou ao longo dos séculos, e, na época das Grandes Navegações, estendeu seus domínios pela Ásia, África e Brasil. Com o correr dos séculos as colônias foram conquistando sua independência política, como podemos ver pelo mapa. A língua portuguesa, porém, desde o período de colonização estendeu-se sobre os três continentes e destes não mais saiu.

Mas, se todos falam português, já não existia unificação, com todo mundo falando a mesma língua? Não é bem assim. É claro que o português falado aqui tem lá suas diferenças do português falado em Portugal. E que o português daqui e de Portugal também é, em muitos aspectos, diferente do falado na África e na Ásia. São o que chamamos de 'variedades'. Variedades linguísticas.

> *Variedades* => Um exemplo, um pouco simples demais, que pode, porém, ajudar na compreensão: o que é uma banana? É um fruto. Existem, porém, vários tipos de banana: banana-prata, banana-maçã, banana-da-terra, entre tantas outras, não é? Todas são, entretanto, bananas, apesar, é claro, de algumas pequenas diferenças. Isto é:
>
> um fruto oblongo, com polpa carnosa, coberta por uma casca; esta casca, quando o fruto está maduro, apresenta cor amarela, por vezes, com algumas pequenas manchas pretas. Ou seja: uma banana, independentemente do tipo. A banana-nanica não é menos banana que a banana-da-terra. Ela pode ser um tipo menor no tamanho, mas não deixou de ser uma banana. Nem a banana-prata é mais banana que a banana-maçã.
>
> A língua daqui, embora com algumas diferenças, ainda é a portuguesa, ainda é a mesma que a de Portugal; e a dos irmãos africanos e asiáticos ainda é a mesma que a dos europeus.

Mas, então, a língua portuguesa já é uma coisa só, com diferenças, mas uma coisa só? Sim. Então por que essa unificação de que todo mundo está falando? E o que vamos unificar afinal? As palavras vão mudar de sentido? O modo como as falamos também?

UMA COISA DE CADA VEZ

Já vimos antes que o objetivo do acordo é o fortalecimento da língua portuguesa como instrumento oficial das nações lusófonas (lusófono é como chamamos quem fala português). Acredita-se que desta forma o nosso idioma vai sair fortalecido cultural, política e economicamente. Imaginem só: um livro publicado aqui poderia ser lido em qualquer outro país lusófono como se fosse um livro lá publicado. Outro exemplo: os documentos oficiais de toda nação lusófona passam a ser escritos com a mesma grafia.

O sentido das palavras não muda

As palavras não vão mudar de sentido. Banana não vai deixar de ser banana. E os significados de palavras hoje só adotados em Portugal, por exemplo, só migrarão para cá (Brasil) ou para lá (África) ou acolá (Ásia), se cá, lá ou acolá eles forem aceitos nos falares locais. *Camisola*, por exemplo, continuará sendo usada em Portugal com o significado (nosso) de *camiseta*. E *camisa de dormir* como a nossa *camisola*.

Acredita-se, também, que **o modo como as palavras são faladas (ou seja, pronunciadas) não vai mudar**. É claro que formas comuns, usuais no dia a dia, vão seguir seu curso normal na vida do idioma: é o caso de *linguiça*, por exemplo.

O que muda é a maneira de escrever certas palavras.

Cabe aqui, talvez, lembrar que o atual acordo, bem como os anteriores, baseia-se antes em critérios fonéticos, dando ênfase à forma como as palavras são pronunciadas. O *étimo* das palavras, a origem delas, continua valendo, porém, para compreendermos a razão de certas formas serem grafadas, com *x* ou *ch*, com *ç* e não *ss*, por exemplo.

Um *faz de conta superespetacular*

(Uma historinha na nova ortografia, que às vezes é a mesma que a velha)

A apresentação de acrobacias aéreas já havia começado. A primeira dupla a se apresentar fez um *voo* impecável. No final da apresentação piloto e *copiloto* acenavam felizes para a *plateia*, enquanto o *alto-falante* anunciava a decolagem dos próximos concorrentes ao prêmio. A dupla seguinte, lembrava o locutor, no ano passado havia escapado com vida daquilo que poderia ter sido uma tragédia *sem-par*. Houve, porém, quem dissesse, talvez por despeito ou incredulidade, que o acontecimento não passava de uma coisinha *à toa*, algo insignificante no mundo dos espetáculos. Desde então eles, piloto e *copiloto*, não mais se apresentaram em eventos ou competições. A verdade é que *heroico* ou não, o fato virou manchete e, apesar de toda insistência para novas apresentações, a dupla preferiu, a pedido da família, manter-se em terra firme por um bom tempo. Aquele seria, portanto, o *reencontro* dos *heróis* (ou *quase heróis*) aviadores com o seu público.

O locutor não parava de falar no acidente. A excitação do público aumentava a cada pirueta e a curiosidade de quem não era do lugar também. Um rapaz que havia chegado um dia antes num *bimotor*, perguntou a uma senhora (aparentemente uma *dona de casa*, que havia preparado um *piquenique* para toda a família) de que fato *semirreal* estavam falando. A jovem senhora de nome Marília, feliz em ajudar, começou a contar tudo o que acontecera: o motor do avião simplesmente parou de funcionar em pleno ar, por razões até hoje *desconhecidas* (muitos falaram em sabotagem, mas nada ficou provado).

Contou a senhora, mãe de três filhos e *ama de leite* de mais quatro, que piloto e copiloto fizeram um esforço enorme para controlar a *aeronave*, tentando afastá-la da multidão. O único a pular de *paraquedas* foi o copiloto. A proximidade do chão, porém, lhe valeu três costelas e um *antebraço* quebrados. Mas pior teria sido, se ele tivesse caído na *guaíba*, pensou alto a *dona de casa*. Coube ao *médico-cirurgião*, que, há muitos anos, tinha como *passatempo* a pilotagem de aviões, o esforço *sobre-humano* de tentar controlar o aeródino. Ele, contou D. Marília, ficou até o fim na aeronave e conseguiu afastá-la do centro da feira, onde as pessoas, como se hipnotizadas, aguardavam o desastre iminente, até que alguém gritou de horror e todos correram nas mais variadas direções, como num estouro da boiada, um verdadeiro *salve-se quem puder*.

O avião, continuou a senhora, que não seria considerada uma *leva e traz* (pensava consigo mesma, afinal todos sabiam da história), acabou por cair na lagoa de *Todos-os-Santos* (nome dado em alusão à baía) que fica lá pelas adjacências de *Passa-Quatro*. O piloto também sobreviveu, seriamente ferido, é claro, mas contando a façanha de modo a dizer que o pior teria sido o choque *pós-transfusional*, ou seja, o que sofreu após a transfusão de sangue que precisou fazer no hospital. Piloto e copiloto, ainda segundo dona Marília, que além de *dona de casa*, mãe de família, a*ma de leite*, e exímia contadora de casos, era também *vice-presidente* da associação de moradores do bairro do *Grão-Pará* e *coerdeira* de uma das maiores propriedades *cacauistas* da região, depois de dois meses de recuperação receberam da mão do *ex-prefeito* a chave da cidade.

Após toda aquela narrativa, o jovem piloto *afro-brasileiro*, ainda confuso com tanta informação e perturbado com o ruído ensurdecedor dos *reco-recos* que as crianças giravam em pleno ar, sentiu-se o próprio *anti-herói* por saber-se descrente e incapaz de tal proeza. A senhora não deve ter *sotoposto* nenhum detalhe (ou *soto-pôs*?), pensou o rapaz, enquanto pegava no bolso um *anti-inflamatório* pois há dias lutava contra uma infecção dentária. Mas ela decerto deve ter aumentado alguns pontos, continuou pensando.

O *afrodescendente*, então, tomou o remédio e ainda bebendo da água foi sentar-se à sombra de uma *fruteira-de-arara* (árvore frondosa também conhecida como *andá-açu*), onde acabou por adormecer.

A noite correu *tranquila*. Nem mesmo a inflamação no dente e o *bico de papagaio* (herança genética do avô) o incomodaram durante a madrugada. No dia seguinte o rapaz acordou e, surpreso por ter dormido tanto, pousou a mão no queixo, em que o *pelo* cerrado lhe dava sinais do número de horas *bem-dormidas* (depois de tantas *maldormidas?*). Levantou-se, e esticando-se todo numa espécie de alongamento demorado (exercício que havia aprendido ainda na escola de *voo* para diminuir os efeitos do chamado *mal dos aviadores*), disse estupefacto em alto e bom som, ao recordar o caso contado pela jovem senhora: *Mas que história mais sem pé nem cabeça!!!* É por isso que muita gente prefere *circum-navegar* a voar.

A nova ortografia

Guia rápido e simplificado

Este é um resumo, em linguagem e organização simples, das mudanças introduzidas pelo Acordo Ortográfico. Uma leitura atenta tornará essas mudanças fáceis de entender, absorver e usar. Veja por si mesmo.

INFORMAÇÕES GERAIS

O Acordo Ortográfico da Língua Portuguesa foi aprovado pelos oito países lusófonos (que falam o português como sua língua nacional) em 16 de dezembro de 1990. Os oito países são: Angola, Brasil, Cabo Verde, Guiné-Bissau, Moçambique, Portugal, São Tomé e Príncipe, Timor-Leste (que assinou posteriormente).

No Brasil, o Acordo foi aprovado pelo Congresso em abril de 1995, e oficialmente ratificado como medida executiva com a assinatura do presidente Luís Inácio Lula da Silva em 29 de setembro de 2008, com início de vigência marcado para 1º de janeiro de 2009 e um período de adaptação até 2012.

O texto do Acordo em si não dirime todas as dúvidas, pois menciona eventualmente parâmetros genéricos, como 'consagrado pelo uso', e resume algumas listas de casos com 'etc.', deixando dúvida quanto à abrangência da regra. A elucidação de qualquer dúvida remanescente cabe à quinta edição do Vocabulário Ortográfico da Língua Portuguesa, da Academia Brasileira de Letras, que tem caráter normativo.

O texto completo do Acordo está disponível neste manual, assim como uma matriz mais completa das disposições do Acordo, na ordem em que neste são apresentadas, muitas vezes acrescidas de comentários e esclarecimentos. Além disso, uma lista de quase 4 mil palavras (lista completa de todas as palavras entre as mais de 200 mil do dicionário *Caldas Aulete*, cuja ortografia mudou) no formato 'era-passou a ser' constitui um verdadeiro vocabulário da nova ortografia.

Este resumo trata apenas das mudanças inequívocas, e refere-se somente àquelas que dizem respeito à ortografia adotada no Brasil (em parte, serão outras as mudanças em relação à ortografia a serem observadas em Portugal e em outros países lusófonos).

AS MUDANÇAS

Alfabeto

Ao alfabeto da língua portuguesa acrescem-se as letras **K, W** e **Y**, e ele passa a ter 26 letras*:

A B C D E F G H I J K L M N O P Q R S T U V W X Y Z

*Essas letras já se usavam como símbolos (km, kg, Y, W) e em palavras estrangeiras e suas derivadas em português: *know-how*, Kant, kantiano, yin-yang, *walkman*, holywoodiano etc.

Portanto, na prática não há mudança no uso, somente na composição do alfabeto.

Uso de vogais átonas e ou i antes de sufixos ano e ense

Em palavras com sufixos **–ano** e **–ense**, o sufixo é antecedido de **i** átono quando se combina com um **i** que pertence ao tema (hava**iano** [de Havaí], ital**iano** [de Itália], atiba**iense** [de Atibaia] etc.), ou quando forma derivada de palavra que tem na última sílaba um **e** átono: acr**iano** [de Acre], açor**iano** [de Açores] algarv**iense** [de

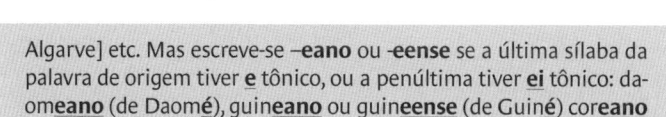

Algarve] etc. Mas escreve-se **–eano** ou **-eense** se a última sílaba da palavra de origem tiver **e** tônico, ou a penúltima tiver **ei** tônico: daom**eano** (de Daom**é**), guin**eano** ou guin**eense** (de Guin**é**) cor**eano** (de Cor**ei**a) etc.

Mudanças na acentuação e no uso do trema

Os ditongos abertos tônicos **éi** e **ói** perdem o acento agudo quando caem na penúltima sílaba (portanto, de palavras paroxítonas):

id**éi**a(s)	*passa a ser*	id**ei**a(s)
gel**éi**a(s)	*passa a ser*	gel**ei**a(s)
epop**éi**a(s)	*passa a ser*	epop**ei**a(s)
diarr**éi**co(s)	*passa a ser*	diarr**ei**co(s)
hebr**éi**a(s)	*passa a ser*	hebr**ei**a(s)
j**ói**a(s)	*passa a ser*	j**oi**a(s)
tram**ói**a(s)	*passa a ser*	tram**oi**a(s)
ap**ói**a	*passa a ser*	ap**oi**a
her**ói**co(s)	*passa a ser*	her**oi**co(s)
debil**ói**de(s)	*passa a ser*	debil**oi**de(s)

Exceções (sujeitas a outra regra, já vigente, de palavras paroxítonas terminadas em **r**): destr**ói**er, M**éi**er, b**ói**ler, g**êi**ser etc.

Cuidado! O acento gráfico não cai se o ditongo estiver na última ou na antepenúltima sílaba.

Ou seja, se o ditongo estiver nas sílabas tônicas de palavras oxítonas (com acento tônico na última sílaba) ou proparoxítonas (com acento tônico na antepenúltima sílaba):

an**éi**s	*continua*	an**éi**s
her**ói**(s)	*continua*	her**ói**(s)
fi**éi**s	*continua*	fi**éi**s
anz**ói**s	*continua*	anz**ói**s
ax**ói**deo(s)	*continua*	ax**ói**deo(s)

Cai o acento circunflexo de palavras paroxítonas terminadas em **ôo** e em **êem**:

v**ôo**	*passa a ser*	v**oo**
d**ê**em	*passa a ser*	d**ee**m
enj**ôo**	*passa a ser*	enj**oo**
v**ê**em	*passa a ser*	v**ee**m
ac**ôo**	*passa a ser*	ac**oo**
cr**ê**em	*passa a ser*	cr**ee**m
abenç**ôo**	*passa a ser*	abenç**oo**
l**ê**em	*passa a ser*	l**ee**m

Cuidado! As flexões dos verbos **ter** e **vir** na 3ª pess. pl. do pres. do indic. mantêm o acento: **têm** e **vêm**, diferençando-se das flexões de 3ª pess. sing. **tem** e **vem**, bem como nos derivados desses verbos, como **mantém** e **mantêm**, **provém** e **provêm**, **retém** e **retêm**, **convém** e **convêm**, etc.

Não se usa acento gráfico (agudo ou circunflexo) em palavras paroxítonas para diferençá-las de outras palavras com a mesma grafia (os chamados *homógrafos*). São estas as palavras deste caso:

pára (flexão de *parar*) e **para** (preposição)   *passam a ser* **para**

péla(s) (s.f.), **pela**(s) (flexão de *pelar*) e
pela(s) contração *por* + *a(s)*   *passam a ser* **pela**(s)

pelo (fexão de *pelar*), **pêlo**(s) (s.m.) e
pelo (contração *por* + *o*)   *passam a ser* **pelo**(s)

péra(s) (s.f. = 'pedra') , **pêra**(s) (subst. fem.)
e **pera** (prep. = 'para')   *passam a ser* **pera**(s)

pólo(s) (subst. masc.) e **polo**(s)
(comb. de *por* + lo[s])   *passam a ser* **polo**(s)

Lembre-se: o v. **pôr** (infinitivo) e **pôde** (flexão na 3ª pes. sing. pret. perf. do v. poder) mantêm o acento, diferençando-se respectivamente da preposição **por** e da flexão de 3ª pess. sing. do pres. indic. **pode**.

É facultativo usar ou não circunflexo em **fôrma** (com **o** fechado) para diferençar de **forma** (com **o** aberto), assim como em **dêmos**, 1ª pess. pl. pres. subj. de **dar**, para diferençar do pret. perf.

Perdem o acento agudo as vogais tônicas **i** e **u** de palavras paroxítonas, quando antecedidas de ditongo:

bo**iú**no	*passa a ser*	bo**iu**no
fe**iú**ra	*passa a ser*	fe**iu**ra
ba**iú**ca	*passa a ser*	ba**iu**ca
al**auí**ta	*passa a ser*	al**aui**ta

Cuidado! mantém-se o acento quando a palavra é proparoxítona (**feiíssimo, baunínia**) ou oxítona (**tuiuiú, teiú, teiús**). A palavra **guaíba** (e similares), na qual o **i** se segue a um ditongo crescente, segundo a 5ª ed. do VOLP, não perde o acento – embora, no acordo, a regra não diga que há exceção se o ditongo que antecede **i** e **u** é crescente.

Nos verbos **arguir** e **redarguir** deixa-se de usar o acento agudo no **u** tônico nas flexões rizotônicas que eram graficamente acentuadas. Obs.: nas rizotônicas o acento tônico cai em sílaba do radical, no caso **argu** e **redargu**

No indicativo:

argúis	*passa a ser*	arguis
redargúis	*passa a ser*	redarguis
argúi	*passa a ser*	argui
redargúi	*passa a ser*	redargui
argúem	*passa a ser*	arguem
redargúem	*passa a ser*	redarguem

No imperativo:

argúi	*passa a ser*	argui
redargúi	*passa a ser*	redargui

Nos verbos terminados em **–guar**, **-quar**, e **–quir** (**aguar, apaziguar, enxaguar, obliquar, delinquir** etc.), as flexões podem ser pronunciadas com acento tônico na sílaba do **u** ou, como no Brasil, na sílaba anterior. No primeiro caso cai o acento agudo do **ú** nas formas do pres. ind. e imperat., que recebiam acento gráfico; no segundo, a vogal tônica da sílaba anterior ao **u** recebe acento agudo.

enxaguar
pres. do ind.:

enxag**u**o	ou	enx**á**guo
enxag**u**as	ou	enx**á**guas
enxag**u**a	ou	enx**á**gua,
enxag**u**amos	=	enxaguamos
enxag**u**ais	=	enxaguais
enxag**u**am	ou	enx**á**guam

pres. do subj.:

enxag**u**e	ou	enx**á**gue
enxag**u**es	ou	enx**á**gues
enxag**u**e	ou	enx**á**gue
(....)		(...)
enxag**u**em	ou	enx**á**guem

imperat. afirm.:

enxag**u**a	ou	enx**á**gua
enxag**u**e	ou	enx**á**gue
(...)	ou	(...)
enxag**u**em	ou	enx**á**guem

O **trema** deixa de ser usado para assinalar a pronúncia do **u*** em sílabas como güe, güi, qüe e qüi. Permanece em palavras estrangeiras e em suas derivadas na língua portuguesa

agüentar	*passa a ser*	aguentar
sagüi	*passa a ser*	sagui
freqüência	*passa a ser*	frequência
tranqüilo	*passa a ser*	tranquilo
mülleriano	*continua*	mülleriano

*mesmo sem o trema, o **u** continua a ser pronunciado

Mudanças no uso do hífen em palavras compostas

Usa-se o hífen em palavras compostas cujos elementos, de natureza nominal, adjetiva, numeral ou verbal compõem uma unidade sintagmática e de significado e mantêm cada um sua acentuação própria (o primeiro elemento pode estar em forma reduzida):

ano-luz, arco-íris, decreto-lei, médico-ortopedista, segundo-tenente, guarda-noturno, mato-grossense, afro-brasileiro, quarta-feira, vermelho-claro, primeira-dama, conta-gotas, marca-passo, tira-teima, bota-fora etc.

Atenção! O Acordo menciona explicitamente as exceções (em compostos nos quais se perdeu em certa medida a noção de composição) que se grafam aglutinadamente:

girassol, madressilva, mandachuva, pontapé, paraquedas (e derivadas desta, como **paraquedista** etc.)

Comentário: a definição do conceito da exceção ('em certa medida', 'noção de recomposição') e o 'etc.' final tornam a aplicação desta regra um tanto vaga. A nova edição do Vocabulário Ortográfico define as dúvidas porventura subsistentes. A posição da ABL, no processo de edição do V.O, foi a de não considerar o 'etc.' (e consequentemente muitas outras formas), fazendo valer como exceção apenas as explicitamente mencionadas (acima) e um ou outro caso dito consagrado pela tradição (*passatempo*). Todas as outras, portanto, mantêm o hífen: para-lama, para-brisa, lero-lero, marca-passo, cata-vento, etc.

Segundo o V.O., perdem o hífen composições com **não** (**não violência, não governamental**), quase (**quase perfeito**) e tão (**tão só, tão somente**). E aglutinam-se *anteroesquerdo, posterodireito, superodireito, inferocentral* etc.

Já vigentes na prática, são agora definidos como **regras**:

a) Nos topônimos (nomes de lugares geográficos) usa-se hífen com os prefixos **Grão-** e **Grã-**, em nomes cujo primeiro elemento é **verbal** e quando os elementos estão ligados por **artigos**:

Grão-Pará, Grã-Bretanha, Passa-Quatro, Trás-os-Montes, Todos-os-Santos

b) Têm hífen palavras compostas que designam espécies **botânicas** e **zoológicas**:

couve-flor, erva-doce, andorinha-do-mar, bem-te-vi, leão-marinho

Usa-se hífen (e não travessão) entre elementos que formam um **encadeamento vocabular**:

ponte Rio-Niterói, Alsácia-Lorena, Liberdade-Igualdade-Fraternidade.

Não se usa hífen em locuções (alguns exemplos):

substantivas: **café da manhã, fim de semana, cão de guarda**
adjetivas: **cor de açafrão, cor de vinho**
pronominais: **cada um, ele mesmo, quem quer que seja**
adverbiais: **à toa, à vontade, à parte, depois de amanhã**
prepositivas: **a fim de, acerca de, por meio de, a par de**
conjuncionais: **contanto que, no entanto, logo que**

Exceções consagradas pelo uso: água-de-colônia, arco-da-velha, cor-de-rosa, mais-que-perfeito, pé-de-meia, ao deus-dará, à queima-roupa

Comentário: Também é um tanto vaga a noção de 'consagrada pelo uso', até mesmo porque muitas formas com mais de 50 anos de registro lexicográfico no Brasil e em Portugal não foram tidas como tradicionais: *pé-de-galinha, pé-de-alferes*, etc.

Mudanças no uso do hífen em palavras compostas por prefixação e recomposição

Geralmente, a não ser nas exceções que serão estabelecidas na regras seguintes, em palavras compostas com prefixos ou falsos prefixos (radicais gregos ou latinos que ganharam o significado das palavras das quais faziam parte, como aero, radio, tele etc.) usa-se hífen se o segundo elemento começa por **h**

anti-histórico, super-homem, multi-horário, mini-habitação

Atenção: quando se usam os prefixos **des-** e **in-** caem o **h** e o **hífen**: desumano, inabitável, desonra, inábil

Também com os prefixos **co-** e **re-** caem o **h** e o **hífen**: coerdar, coabitar, reabilitar, reabitar. Nestes dois últimos casos, o critério é o adotado pela 5ª ed. do VOLP (não mencionado no Acordo).

Passa a se usar hífen entre o prefixo e o segundo elemento quando o prefixo termina na mesma vogal pela qual começa o segundo elemento:

antiinflacionário	*passa a ser*	anti-inflacionário
teleeducação	*passa a ser*	tele-educação
neoortodoxia	*passa a ser*	neo-ortodoxia

Obs.: nos prefixos terminados em **a**, já era o uso vigente, agora consolidado pela regra: contra-almirante, extra-articular, ultra-alto

Exceção:

o prefixo **co-** se aglutina com segundo elemento começado por **o**: cooptar, coobrigação

re- se aglutina com palavras começadas por **e**: reeleição, reestudar, reerguer

---

Usa-se hífen com **circum-** e **pan-** quando seguidos de elemento que começa por **vogal, m** e **n**, além do já citado **h**:

cirumnavegação	*passa a ser*	circum-navegação
circumediterrâneo	*passa a ser*	circum-mediterrâneo
circumeridiano	*passa a ser*	circum-meridiano

Obs.: já era uso vigente para **pan-** e alguns usos de **circum-**, agora ratificados como regra

---

Usa-se hífen quando o prefixo ou falso prefixo termina **na mesma consoante** pela qual começa o segundo elemento, ou quando este começa por **r** ou **h**

Obs.: São casos desta regra, e também de regra específica do Acordo, o uso de hífen com os prefixos hiper-, inter-, super, ciber- e nuper- quando o segundo elemento começa por **r** ou **h** (hiper-requintado, inter-resistente, super-radical, inter-hospitalar); **não** se usa hífen em outros casos nos quais o prefixo termina em **consoante** e o segundo elemento começa por **vogal** ou **consoante diferente de h ou r**: subsequência, sublinear, interativo, hiperativo, superabundante, hiperacidez, interlocução

Quando o prefixo ou falso prefixo termina em **vogal** e o segundo elemento começa por **r** ou **s** **não se usa mais o hífen** e a consoante **r** ou **s** é **duplicada**:

ultra-som	*passa a ser*	ultrassom
anti-semita	*passa a ser*	antissemita
eco-sistema	*passa a ser*	ecossistema
mini-saia	*passa a ser*	minissaia
mini-raiz	*passa a ser*	minirraiz
contra-regra	*passa a ser*	contrarregra
co-segurar	*passa a ser*	cossegurar
semi-reta	*passa a ser*	semirreta

Não se usa hífen quando o prefixo ou falso prefixo termina em **vogal** e o segundo elemento começa por **vogal diferente** ou **consoante** (se esta for **r** ou **s**, como visto acima, se duplica):

auto-escola	*passa a ser*	autoescola
extra-escolar	*passa a ser*	extraescolar
co-piloto	*passa a ser*	copiloto
supra-sumo	*passa a ser*	suprassumo
auto-imune	*passa a ser*	autoimune
contra-ordem	*passa a ser*	contraordem

Obs.: Alguns desses usos (antiaéreo, plurianual, prefixo seguido de consoante etc.) já eram vigentes, outros não (exemplos acima), agora todos estão submetidos à regra

Alguns casos que não mudam, mas convém lembrar:

Com os prefixos ou falsos prefixos **ex-**, **vice-**, **vizo-**, **pré-**, **pró-** e **pós-** sempre se usa hífen.

Usa-se hífen antes dos sufixos de função adjetiva de origem tupi-guarani -**açu**,-**guaçu** e –**mirim**, quando o primeiro elemento acaba em vogal tônica (*cajá-mirim*, *cipó-guaçu*) ou quando é preciso diferençar a pronúncia da vogal final da do sufixo (*anda-açu*).

Usa-se hífen nas formas verbais com pronomes átonos (*diga-me, vestir-se, vingá-lo, dizer-lhes*).

Se a quebra de linha ocorre onde há um hífen gramatical, deve-se repetir o hífen no início da linha seguinte.

Locuções

Não se usa hífen em locuções de qualquer tipo (nominais, adjetivas, pronominais, adverbiais, prepositivas, conjuncionais), com as seguintes exceções: **água-de-colônia, arco-da-velha, cor-de-rosa, mais-que-perfeito, pé-de-meia, ao deus-dará, à queima-roupa**

Assim:

nominais:
água-de-cheiro, café-da-manhã *passam a ser* água de cheiro, café da manhã etc.

adjetivas:
cor-de-abóbora, cor-de-açafrão *passam a ser* cor de abóbora, cor de açafrão etc.

pronominais:
nós mesmos, ela própria

adverbiais:
à-toa, antes-de-ontem *passam a ser* à toa, antes de ontem

prepositivas:
por cima de, a fim de

conjuncionais:
ao passo que, logo que

Atenção! Têm hífen locuções que representam nomes de animais ou vegetais, como, p.ex., bem-te-vi, ave-do-paraíso, sapo-de-unha-preta, orelha-de-macaco, brinco-de-princesa, não-te-esqueças-de-mim, adivinhe-quem-vem-hoje, gente-de-fora-vem-aí, etc.

O que muda e o que fica*
pelo novo Acordo Ortográfico

(Todo o Acordo em formato de matriz)

item do Acordo	regra (muitas vezes com a redação simplificada)	como era
BASE I — do alfabeto		
1º	O alfabeto da língua portuguesa é formado por 26 letras (inclusive **K, W** e **Y**). Além destas, usam-se **ç** (cê cedilhado) e os dígrafos **rr, ss, ch, lh, nh, gu** e **qu**	**k, w** e **y** não constavam no alfabeto, que tinha 23 letras
2º	Usam-se em nomes próprios e comuns estrangeiros e em seus derivados em português; em topônimos estrangeiros e em siglas, símbolos, unidades de medida	Kant, Washington, Yang, kanji, karaokê frankliniano, darwinismo, byroniano, Kuwait, York KLM, TWA, YMCA, kW, kg, yd (jarda)
3º	a grafia original de nomes próprios estrangeiros e derivadas se mantém (letras duplas, **m** antes de consoantes que não **b** ou **p**, diacríticos*** (v. Glossário)	garrettiano, mülleriano, Jefferson, goethiano, Itzchak, comtiano (de Comte)
4º	Os dígrafos finais de origem hebraica **ch, ph** e **th** podem ser mantidos em nomes bíblicos. Se é invariavelmente mudo, elimina-se	não havia regra específica
5º	As consoantes finais **b, c, d, g** e **t** mantêm-se, quer sejam mudas, quer sejam proferidas, nas formas onomásticas consagradas pelo uso	não havia regra específica

como passa a ser	comentário	status
k, **w** e **y** constam no alfabeto	Essas letras já eram usadas em nomes e palavras estrangeiras e suas derivadas em português, símbolos internacionais etc. O Acordo, coerentemente, restituiu-as ao alfabeto oficial.	**mudou**
sem mudança		não mudou
sem mudança	Geralmente já era assim, mas o Acordo tornou isso explícito. O trema permanece, pois, em palavras e nomes estrangeiros e derivadas.	regulamentado
Baruch, Loth, Ziph, mas José, Nazaré		**novo**
Jo**b** (ou Jó), Isaa**c** (ou Isaque), Davi**d** (ou Davi), Go**g** (Gogue), Josafa**t** (ou Josafá)		**novo**

item do Acordo	regra (muitas vezes com a redação simplificada)	como era
BASE I — do alfabeto		
6º	Recomenda-se escrever topônimos estrangeiros em sua forma vernácula, sempre que viva em português ou passível de entrar em uso corrente.	não havia regra específica
BASE II — do h inicial e final		
1º	Mantém-se o uso do **h** inicial por força da etimologia ou do uso convencional.	**h**omem, **h**élice, **h**aver, **h**em?
2º a)	Suprime-se em certos casos por força do uso, apesar da etimologia	erva, ervanário, ervoso, mas **h**erbáceo, **h**erbanário, **h**erboso (formas eruditas)
2º b)	e quando, sendo inicial numa palavra, esta se aglutina com elemento que a antecede	des + **h**armonia = desarmonia; in + **h**ábil = inábil; re + **h**aver = reaver
3º	mas se mantém quando inicia segundo elemento ligado ao primeiro por hífen	anti-**h**istamínico, pré-**h**istória, sobre-bumano, extra-**h**orário
4º	usa-se **h** final em interjeições	ah! oh! ih!
Obs. 1	Vários prefixos e elementos permanecem com hífen antes de h (**anti- neo-, sub-, supra-** etc.).	neo-humanismo, sub-humano, inter-hospitalar, anti-helenista
Obs. 2	**co-** e **re-**, este não mencionado no Acordo, nunca têm hífen e sempre se aglutinam, com perda do **h** inicial	**co-h**erdeiro, **co-h**erdar, **re-h**istoriar
		reabituar, reabitar, reaver
BASE III — da homografia de certos grafemas consonânticos*** (ver glossário, no fim)		
	são consoantes (têm o mesmo som)	
1º	**ch** e **x**;	ba**ch**arel, li**x**o
2º	**g** e **j** como fricativas palatais;	cora**g**em, **j**eito
3º	**s, ss, c, ç** e **x** como sibilantes surdas;	ân**s**ia, pa**ss**o, a**c**eite, pa**ç**o, pró**x**imo

como passa a ser	comentário	status
Zurique, Turim, Provença, Tóquio, Hamburgo em lugar de Zürich, Torino, Provence, Tokyo, Hamburg	Vale também para Madrid ou Madri, mas Valladolid e Cid (com **d** pronunciado ou não), Calicut (com **t** pronunciado)	**novo**
sem mudança		não mudou
sem mudança		não mudou
sem mudança		não mudou
sem mudança		não mudou
sem mudança		não mudou
sem mudança		não mudou
coerdeiro, coerdar, reistoriar	**co-** e **re-**, que em algumas formações tinham hífen antes de **h**, deixaram de ser hifenizáveis	**mudou**
sem mudança	Sobre os prefixos **co-** e **re-**, veja BASE XV, adiante	não mudou
sem mudança		não mudou
sem mudança		não mudou
sem mudança		não mudou

item do Acordo	regra (muitas vezes com a redação simplificada)	como era
BASE III — da homografia de certos grafemas consonânticos*** (ver glossário, no fi		
4º	(em fim de sílaba, não de palavra) **s, x e z**;	a**s**tro, tê**x**til, infeli**z**mente
5º	(em fim de palavra) **s, x e z**;	gá**s**, Féli**x**, lu**z**
6º	(em meio de palavra, início de sílaba), **s, x e z**	ca**s**a, e**x**ato, a**z**ar
BASE IV — das sequências consonânticas*** (duas ou mais consoantes seguidas)		
1º	Ora conservam-se ora eliminam-se o **c** com valor de oclusiva velar, das sequências interiores **cc** (segundo **c** com valor de sibilante), **cç** e **ct**, e o **p** das sequências interiores **pc** (**c** com valor de sibilante), **pç** e **pt**	Diferença (Bras./Port.) entre aspecto e aspeto, cacto e cato, dicção e dição, facto e fato, sector e setor, ceptro e cetro, corrupto e corruto, amígdala e amídala, amnistia e anistia etc.
a)	Conservam-se quando são proferidas nas pronúncias cultas da língua	compacto, ficção, rapto, pacto, erupção, adepto, núpcias, friccionar,
b)	Eliminam-se quando são invariavelmente mudas nas pronúncias cultas da língua	ação, aflição, acionar, aflito, diretor, adoção, ótimo, adotar
c)	Facultativamente conservam-se ou eliminam-se quando se proferem em pronúncia culta ou quando oscilam entre pronúncia e emudecimento	
d)	Nas sequências interiores **mpc**, **mpç** e **mpt**, quando a opção for eliminar o **p**, o **m** passa a **n** (**nc**, **nç** e **nt**)	
2º	Ora conservam-se ora eliminam-se, facultativamente, quando se proferem numa pronúncia culta, ou quando oscilam entre a pronúncia e o emudecimento, o **b** da sequência **bd**, o **b** da sequência **bt**, o **g** da sequência **gd**, o **m** da sequência **mn** e o **t** da sequência **tm**	

O que muda e o que fica pelo novo Acordo Ortográfico ∞ 35

como passa a ser	comentário	status
sem mudança		não mudou
sem mudança		não mudou
sem mudança		não mudou
O Acordo estabelece critérios para o uso de uma ou outra forma, ou alternativamente ambas as formas	Pouca ou nenhuma mudança no Brasil. Em Portugal e outros países, consoantes interiores não etimológicas cairão quando não pronunciadas, ficarão se pronunciadas	**regulamentado**
sem mudança		não mudou
	Não há mudança no Brasil. Consoantes não etimológicas não pronunciadas caem em Portugal	mudou em Port.
aspecto/aspeto, cacto/cato, ceptro/cetro, concepcional/concecional, sector/setor, corrupto/corruto, recepção/receção	Provavelmente cada país continuará a usar a forma que hoje usa, mas passam a valer as duas grafias	dupla grafia
assumpcionista-assuncionista, assumpção-assunção, sumptuoso-suntuoso	Provavelmente cada país continuará a usar a forma que hoje usa, mas passam a valer as duas grafias	dupla grafia
súbdito/súdito, subtil/sutil, amígdala/amídala, amnistia/anistia, omnipotente/onipotente	Provavelmente cada país continuará a usar a forma que hoje usa, mas passam a valer as duas grafias	dupla grafia

item do Acordo	regra (muitas vezes com a redação simplificada)	como era
BASE V — das vogais átonas (e ou i, o ou u?)		
1º	em geral, o uso é determinado pela etimologia (formação da palavra)	ex.: ameaça, cardeal, cardial (outra formação), mágoa, fístula etc.
2º a)	usa-se **e** e não **i** antes de sílaba tônica em derivados de subst. terminados em **-eio** e **-eia**	ald**e**ano (de ald**eia**), arr**e**ado (de arr**eio**) (cf. arriado, de arriar), cor**e**ano (de Cor**éia**)
b)	usa-se **e** antes de vogal ou ditongo da sílaba tônica em palavras derivadas de outras que terminam com **e** acentuado	daom**e**ano (de Daom**é**), guin**e**ense (de Guin**é**), gal**e**ota (de Gal**é**), pol**e**eiro (de pol**é**)
c)	Nos voc. zom **-ano** e **-ense**: a) mantém-se o **i** do tema em derivados de voc. terminados em **-ia** ou **-io** átonos; b) usa-se **i** antes do suf. em derivados de voc. em **-e** ou **-es** átonos	ital**i**ano (de Itál**ia**), fab**i**ano (de Fáb**io**)
		acre**a**no, açor**e**ano, torr**e**ano
d)	uniformizam-se com terminações **-ia** e **-io** (em vez de **-ea** e **-eo**) ampliações de substantivos terminados em vogal	cúm**eo** ou cúm**io**, hás**tea** ou hás**tia**, rés**tea** ou rés**tia**, vés**tea** ou vés**tia**
e)	verbos em **-ear** podem distinguir-se dos v. em **-iar** pela formação e/ou conjugação. Alguns verbos em **-iar**, ligados a subst. com terminação **-io** e **-ia** admitem variantes na conjugação, tipo **-eio** e **-io**	pela formação: ald**ear**, de aldeia; alh**ear**, de alheio; c**ear**, de ceia. Pela form./conjug.: clar**ear**, guerr**ear**, hast**ear**, sem**ear**
		negoc**eio** e negoc**io**, prem**eio** e prem**io** (em Portugal e no Brasil, em certos falares populares)
BASE VI — das vogais nasais		
1º	A nasalidade em palavras oxítonas terminadas em **a** (inclusive antes de **s** ou **hífen**) representa-se com til (**ã[s]**); se terminam em **e, i, o** ou **u**, segue-se **m** ou **n** (se seguidos de **s**)	talism**ã**, Ir**ã**, Gr**ã**-Bretanha (van é palavra estrangeira), be**m**, bo**m**, jasmi**m**, atu**m**, be**ns**, bo**ns**, jasmi**ns**, atu**ns**

como passa a ser	comentário	status
sem mudança		não mudou
sem mudança		não mudou
sem mudança		não mudou
sem mudança		não mudou
acri**a**no (de Acre), açori**a**no (de Açores), torri**a**no (de Torres)	Havia em alguns casos dupla grafia (acreano e acriano) embora uma fosse preferencial	**mudou**
cúm**io**, hást**ia**, rést**ia**, vést**ia**	Algumas formas apresentavam dupla grafia, ora -**ea** ou -**eo**, passam a ser grafadas -**ia**, -**io**	**mudou**
sem mudança	Não constitui uma questão ortográfica, mas um fato da língua	não mudou
negoc**eio**/negoc**io**, prem**eio**/prem**io** (Port.) negoc**io**, prem**io** (no Brasil)	Na forma culta lusa, valem as duas formas. Na forma culta brasileira, só vale negocio, premio etc.	não mudou no Brasil
sem mudança	A regra para palavras terminadas em **em** e em **ens** vale para monossílabos; para palavras com mais de uma sílaba vale a regra da BASE VIII 1º c), adiante	não mudou

item do Acordo	regra (muitas vezes com a redação simplificada)	como era
BASE VI — das vogais nasais		
2º	palavras terminadas em **ã** o mantêm em advérbios em -**mente** e em palavras com sufixo começado com **z**	vãmente, cristãmente, irmãmente, anãzinha, alamãzinha
BASE VII — dos ditongos		
1º	os ditongos abertos **ei, eu, oi** só têm acento agudo em sílabas finais ou em palavras proparoxítonas	chap**éu**, c**éu**, pap**éis**, an**éis**, dod**ói**, anz**óis**, aden**ói**deo
2º a)	é o ditongo grafado **ui**, e não a sequência vocálica grafada **ue**, que se usa na 2ª e 3ª pess. pres. indic. e 2ª sing. do imper. nos verbos terminados em **uir**	constit**uis**, contrib**uis**, an**uis** etc.
b)	em palavras de origem latina, a junção de **u** com **i** átono pode resultar em ditongo ou em hiato (duas vogais seguidas mas em sílabas diferentes)	flu:i.dez, gra.tu:i.da.de,
c)	admite-se a existência de ditongos crescentes (sequências vocálicas póstônicas) **ea, eo, ia, ie, io, oa, ua, ue, uo**	láur**ea**, áur**eo**, dál**ia**, cár**ie**, rég**io**, név**oa**, perpét**ua**, tên**ue**, resíd**uo**
BASE VIII — acentuação gráfica das palavras oxítonas		
1º	Recebem acento agudo	
a)	as vogais tônicas abertas **a, e, o**, seguidas ou não de **s**	bab**á(s)**, caf**é(s)**, domin**ó(s)**
b)	a vogal tônica aberta **a** nas flexões verbais oxítonas após a supressão das consoantes -**r**, -**s** ou -**z**, e seguidas dos pronomes -**lo(s)**, -**la(s)**	at**á-lo** (de atar-lo), d**á-los** (de dás-los), f**á-las** (de faz-las)
c)	palavras oxítonas com mais de uma sílaba terminadas no ditongo nasal -**em** (tb. em flexões verbais) ou em -**ens**	ac**ém**, det**ém**, armaz**ém**, armaz**éns**, parab**éns**, cont**éns**
d)	palavras oxítonas terminadas em ditongos abertos **éi(s)**, -**éu(s)**, -**ói(s)**	an**éis**, c**éu**, chap**éus**, dod**ói**, anz**óis**

O que muda e o que fica pelo novo Acordo Ortográfico ∞ 39

como passa a ser	comentário	status
sem mudança		não mudou
sem mudança	Sobre as formas paroxítonas com ditongos **ei** e **oi** abertos (ideia, joia, heroico etc.) veja BASE IX, adiante	não mudou
sem mudança		não mudou
sem mudança		não mudou
sem mudança		não mudou
sem mudança	Note-se que não têm acento agudo as vogais finais tônicas abertas **i** e **u** quando não formam hiato*** (sac**i**, gur**u**, mas Pia**uí**, ba**ú**) (v. Glossário)	não mudou
sem mudança		não mudou
sem mudança		não mudou
sem mudança		não mudou

item do Acordo	regra (muitas vezes com a redação simplificada)	como era
BASE VIII — acentuação gráfica das palavras oxítonas		
2º	recebem acento circunflexo	
a)	as vogais tônicas fechadas **e(s)**, **o(s)** no fim de palavras oxítonas	sapê, vocês, avô, robôs
b)	as vogais tônicas fechadas **e** e **o**, nas flexões verbais oxítonas, após supressão das consoantes **-r**, **-s** ou **-z** e seguidas dos pronomes **-lo(s)**, **-la(s)**	dizê-lo (de dizer-lo), pô-las (de pôs-las), fê-los (de faz-los)
3º	Não têm acento gráfico palavras oxítonas que se escrevem da mesma forma e se pronunciam diferentemente (aberta ou fechada); exceção: **por** (prep.) e **pôr** (verbo)	cor (cór) e cor (côr), colher (é) e colher (ê)
BASE IX — da acentuação gráfica das paroxítonas		
1º	As palavras paroxítonas não são em geral acentuadas graficamente	fato, ramo, gelo, medo, livro, timbre, bolo, coco, mundo, furo
Obs.:	O Acordo registra como exemplo de paroxítonas não acentuadas voo, enjoo, abençoo. Deduz-se que perdem o acento circunflexo as paroxítonas com **o** fechado na sílaba tônica	**vôo, enjôo, abençôo**
2º	mas têm acento agudo	
a)	paroxítonas com vogais tônicas abertas (**a, e, i, o, u**) em palavras terminadas em **-l, -n, -r, -x, -ps** e, com raras exceções, seus plurais, os quais, em alguns casos, são palavras proparoxítonas	fácil, méson, difícil, dócil, útil, bárion, méson, hífen, bóson, lúmen, cárter, néctar, ímpar, bóxer, açúcar, hápax, hélix, sílex, córtex, bíceps. Pl.: fáceis, úteis, mésons, ímpares, açúcares.

como passa a ser	comentário	status
sem mudança		não mudou
sem mudança		não mudou
sem mudança		não mudou
sem mudança	A reforma ortográfica de 1971 já eliminara os acentos diferenciais de palavras homógrafas	não mudou
v**oo**, enj**oo**, abenç**oo**	Mantém-se o acento pela regra geral das paroxítonas terminadas em -**n**: her**ôon**. Da mesma forma, nos terminados em -**om**: i**âncom**, r**ádom**	**mudou**
sem mudança	Nos plurais em -**ns** muitas vezes a vogal tônica não recebe acento: h**í**fen-h**i**fens, **é**den-**e**dens, d**ó**lmen-d**o**lmens	não mudou

item do Acordo	regra (muitas vezes com a redação simplificada)	como era
BASE IX — da acentuação gráfica das paroxítonas		
Obs.:	Vogais tônicas grafadas e ou o em fim de sílaba, seguidas das consoantes nasais grafadas m e n apresentam oscilação de timbre nas pronúncias cultas da língua e, por conseguinte, também de acento gráfico (agudo ou circunflexo)	No Brasil, sê.men, fê.mur, pô.nei, pê.nis, tê.nis, bô.nus, tô.nus. Alternativas (Port. e outros): sé.men, fé.mur, pó.nei, pé.nis, té.nis, bó.nus, tó.nus
b)	Palavras paroxítonas que têm na sílaba tônica vogal aberta e terminadas em -ã(s), -ão(s), ei(s), i(s), -um, -uns recebem acento agudo	órfã(s), órgão(s), trólei(s), táxi(s), íris, álbum, fóruns
3º	Não se acentuam graficamente os ditongos representados por ei e oi abertos da sílaba tônica das palavras paroxítonas	idéia, assembléia, epopéico, jóia, intróito, paranóico
Obs.:	Os mesmos ditongos, fechados já não tinham acento gráfico). Em Portugal já não se usava acento, mesmo antes do Acordo.	meia, apoio
4º	É facultativo assinalar com acento agudo as formas verbais de pretérito perfeito do indicativo, do tipo amámos, louvámos, para as distinguir das correspondentes formas do presente do indicativo (amamos, louvamos)	Dúvidas quanto ao uso de louvámos (ou louvamos), amámos (ou amamos) no pretérito perfeito
5º	Recebem acento circunflexo	
a)	as vogais fechadas a, e e o em sílabas tônicas de palavras paroxítonas que terminam em -l, -n, -r ou -x, tb no plural, o qual às vezes gera forma proparoxítona	pênsil, cônsul, plâncton, xênon, abdômen, âmbar, tênder, tôner, pânax, fênix, bômbax; cônsules, âmbares, plânctons etc.
b)	as vogais fechadas a, e, o em sílabas tônicas de paroxítonas terminadas em -ão(s), -ei(s), -i(s) ou -us	zângão(s), bênção(s), côvão, pônei(s), pênseis, ânus, Vênus, bônus

como passa a ser	comentário	status
Valem ambas as grafias, tanto no Brasil quanto em Portugal e outros países lusófonos	Possivelmente não haverá neste caso unificação da ortografia, continuando cada país a usar a forma à qual está habituado	não mudou (dupla grafia)
sem mudança		não mudou
ideia, assembleia, epopeico, joia, introito, paranoico	**Não confundir** com palavras oxítonas (constrói, herói, papéis, heróis, anéis, anzóis, paióis) ou proparoxítonas (adenóideo, mimosóidea, axóidea) que mantêm o acento. Exceções (prevalecem regras IX 2º e 5º): destróier, bóiler, gêiser, contêiner etc.	**mudou**
sem mudança		não mudou
Valem ambas as formas em todos os países lusófonos	Possivelmente não haverá neste caso unificação da ortografia, continuando cada país a usar a forma a que está habituado	não mudou (dupla grafia)
sem mudança		não mudou
sem mudança		não mudou

item do Acordo	regra (muitas vezes com a redação simplificada)	como era
BASE IX — da acentuação gráfica das paroxítonas		
c)	as formas verbais **têm** e **vêm** (3ª pess pl do pres do indic) e as formas que terminam nessas sílabas, para diferenciar das formas **tem**, **vem**, **contém**, **provém** etc.	**têm, vêm,** mantê**m,** intervê**m,** detê**m,** etc.
6º	Têm circunflexo	
a) obrigatoriamente	**pôde**, 3ª pess. sing. pret. perf. indic. do v. poder	**pôde**
b) facultativamente	**dêmos** (1ª pess. pl. pres. subj. do v. dar)	demos
	forma ou fôrma	forma, fôrma
7º	Prescinde-se de acento circunflexo nas formas verbais paroxítonas que contêm um **e** tônico oral fechado em hiato com a terminação **em** da 3ª pessoa do plural do presente do indicativo ou do subjuntivo, conforme o caso	crêem, dêem, descrêem, desdêem, lêem, prevêem, redêem, relêem, revêem, treslêem, vêem, revêem, entrevêem etc.
8º	Cai o circunflexo de vogais tônicas fechadas grafadas **ô** em paroxítonas como vôo, enjôo, côo etc.	vôo, enjôo, côo
9º	Não se usa acento, seja agudo seja circunflexo, em palavras paroxítonas que, tendo vogal tônica respectivamente aberta ou fechada, se escrevem da mesma maneira que outras palavras com outros significados	p**á**ra (fl de parar) e p**a**ra (prep)
		p**é**la(s) (subst) e pela(s) (fl de pelar) e contração pela(s) (por+a[s])
		p**ê**lo(s) subst e pelo(s) (por + o(s))
		p**é**lo (fl de pelar) e pelo (contração)

como passa a ser	comentário	status
sem mudança		não mudou
sem mudança	para distinguir da 3ª pess. sing. pres. indic. **pode**	não mudou
demos ou dêmos	para distinguir do pret. perf. do indic.	**mudou**
sem mudança	já era alternativo, para diferençar de subst. fem. forma, e da 3ª pess. sing. pres. indic. e 2ª pess. sing. do imper. afirm. do v. **formar**, ou subst. fem.	não mudou
creem, deem, descreem, desdeem, leem, preveem, redeem, releem, reveem, tresleem, veem, reveem, entreveem etc.		**mudou**
voo, enjoo, coo	já considerado acima, em BASE IX	**mudou**
para em ambos os casos		**mudou**
pela(s) em todos os casos		**mudou**
pelo(s) em ambos os casos		**mudou**
pelo em ambos os casos		**mudou**

item do Acordo	regra (muitas vezes com a redação simplificada)	como era
BASE IX — da acentuação gráfica das paroxítonas		
9º		péra, pêra e pera
		pólo(s) e polo(s)
	Da mesma forma, não se usa acento em palavras paroxítonas para diferençá-las de outras palavras que se escrevem da mesma forma mas têm pronúncias diferentes	governo (**e** aberto), governo (**e** fechado), acerto (**e** aberto) acerto (**e** fechado)
BASE X — da acentuação das vogais tônicas grafadas u e i de palavras oxítonas e paroxítonas		
1º	Têm acento agudo quando antecedidas de vogal com a qual não formam ditongo, desde que não formem sílaba com a consoante seguinte, com a exceção, neste caso, de **s**	sa.**í**.da, ca.fe.**í**.na, gra.**ú**.do, ci.**ú**.me, sa.**ú**.de, te.**ú**.do, ba.**ú**, Ja.ca.re.**í**, ba.la.**ús**.tre, a.da.**ís**, sa.**ís**.te, se.mi.**ús**.to, ba.**ús**
2º	NÃO têm acento agudo (**u** e **i** em sílaba tônica de palavra oxítona ou paroxítona) quando, mesmo antecedidos de vogal com a qual não formam ditongo, fazem sílaba com a consoante seguinte (**nh, l, m, n, r e z**), com a exceção de **s**	ba.**i**nha, fu.**i**nha, a.da.**il**, Sa.**ul**, ru.**im**, Co.**im**.bra, o.ri.**un**.do, a.**in**.da, ca.**ir**, sa.**ir**.des, de.mi.**ur**.go, ra.**iz** MAS ver exemplos no item 1º: ba.la.**ús**.tre etc.
3º	Tem acento a vogal tônica **i** em formas oxítonas terminadas em **r** de verbos em **-air** e **-uir**, quando seguidas dos pronomes **lo(s)**, **la(s)**	contra**í-lo** (contrair + -lo), possu**í-las** (possuir + -las) etc.
4º	Não têm acento agudo as vogais tônicas grafadas **i** e **u** em palavras paroxítonas quando são precedidas de ditongos	bai.**ú**.ca, boi.**ú**.no, fei.**ú**.ra, a.lau.**í**.ta

como passa a ser	comentário	status
pera(s) em todos os casos		**mudou**
polo(s) em todos os casos		**mudou**
	pôr (verbo) e **pôde** (flexão de pôr) mantêm os acentos	
sem mudança		não mudou
sem mudança		não mudou
sem mudança		não mudou
sem mudança		não mudou
b**ai.u**.ca, b**oi.u**.no, f**ei.u**.ra, a.l**au.i**.ta	**Atenção** às poucas palavras proparoxítonas, que mantêm o acento, (como feiíssimo, bauínia, euíctios) e às oxítonas (tuiuiú, teiú, teiús) que tb mantêm. (ver BASE X - 5º)	**mudou**
	Por decisão da ABL, palavras como **guaíba** e **guaíra** (nas quais o ditongo que antecede o **u** é crescente) mantêm o acento	

item do Acordo	regra (muitas vezes com a redação simplificada)	como era
BASE X — da acentuação das vogais tônicas grafadas u e i de palavras oxítonas e paroxítonas		
5º	Mas têm acento i e u quando, mesmo precedidas de ditongo, estão na sílaba tônica de palavras oxítonas, em posição final ou seguidas de s	tei.ú, tui.ui.ús, Pi.au.í
6º	Não têm acento os ditongos tônicos ui e iu quando antecedidos de vogal	ca.iu, pa.uis (pl. de paul)
7º	As flexões dos verbos **arguir** e **redarguir** não têm mais acento agudo na vogal tônica grafada **u** nas formas rizotônicas*** (v. Glossário)	argúo, argúis, argúi, argúem, argúa, argúas, argúam, redargúo etc.
	Os verbos do tipo de **aguar**, apaniguar, apaziguar, apropinquar, averiguar, desaguar, enxaguar, obliquar, delinquir e afins ou têm as formas rizotônicas pronunciadas com acento no **u** mas sem o acento gráfico, ou adotam as formas averíguo, enxáguo, delínquo etc.	agúo, averigúo, enxagúe, obliqúe
BASE XI — acentuação gráfica das palavras proparoxítonas		
1º e 2º	Têm acento agudo ou circunflexo palavras proparoxítonas que têm na sílaba tônica as vogais respectivamente abertas (**a, e, i, o, u**) ou fechadas (**a, e, o**) ou ditongo oral começado com essas vogais, inclusive, em ambos os casos, as chamadas proparoxítonas aparentes, que terminam com sequências vocálicas consideradas ditongos crescentes (**-ea, -eo, -ia, ie, io, -oa, -ua, -uo** etc.)	estático, lâmpada, cáustico, exército, efêmero, maiêutico, límpido, fórmica, nômade, fúlgido. E TAMBÉM pálio, Mântua, estéreo, vênia, pífio, superfície, nódoa, amônia, anúncio
3º	Levam acento agudo ou circunflexo as palavras proparoxítonas, reais ou aparentes, cujas vogais tônicas grafadas **e** ou **u** estão em final de sílaba e são seguidas de consoantes nasais grafadas **m** ou **n** (essa diferença ocorre devido à pronúncia diferente dessas palavras, aberta em Portugal, fechada no Brasil)	No Brasil: acadêmico, anatômico, cênico, cômodo, fenômeno, gênero, topônimo, Amazônia, Antônio, blasfêmia, fêmea, gêmeo, gênio, tênue

como passa a ser	comentário	status
sem mudança	Mas não quando seguidas de m: cau.im	não mudou
sem mudança		não mudou
arguo, arguis, argui, arguem, argua, arguas, arguam, redarguo etc.	O **u** forma a sílaba tônica, mesmo sem acento	**mudou**
aguo, averiguo, enxague, oblique	O **u** forma a sílaba tônica, mesmo sem acento	**mudou**
águo, averíguo, enxágue, oblíque	Pronuncia-se o **u** nas sílabas gue, que	não mudou no Brasil
sem mudança		não mudou
Valem ambas as formas em todos os países lusófonos	Possivelmente não haverá neste caso unificação da ortografia, continuando cada país a usar a forma à qual está habituado (inclusive mantendo-se em cada país o timbre aberto ou fechado das vogais **e** e **o**, como é hoje)	não mudou

item do Acordo	regra (muitas vezes com a redação simplificada)	como era
BASE XI — acentuação gráfica das palavras proparoxítonas		
3º		Em Portugal e outros: ac**a**démico, anat**ó**mico, c**é**nico, c**ó**modo, fen**ó**meno, g**é**nero, top**ó**nimo, Amaz**ó**nia, Ant**ó**nio, blasf**é**mia, f**é**mea, g**é**meo, g**é**nio, t**é**nue
BASE XII — do acento grave		
	Usa-se acento grave a) na contração da preposição **a** com artigo fem. ou pron. demonstrativo fem. **a**	**à** (a + a), **às** (a + as)
	b) na contração da preposição **a** com pronomes demonstrativos que começam com **a** [aquele(s), aquela(s), aquilo, aqueloutro(s), aqueloutra(s)]	**à**quele(s), **à**quela(s), **à**quilo, **à**queloutro(s), **à**queloutra(s)
BASE XIII — da supressão de acentos em derivadas		
	Nos advérbios em -**mente** originados de adjetivos femininos com acento agudo ou circunflexo, estes são eliminados	**ó**tima > **o**timamamente, ef**ê**mera > ef**e**meramente, s**ó**lida > s**o**lidamente, espont**â**nea > espont**a**neamente
	Em derivadas originadas de palavras com vogal tônica com acento agudo ou circunflexo a que se acrescenta sufixo começado com **z**, cai o acento	av**ô** > av**o**zinho, chap**éu** > chap**eu**zinho, **ó**rgão > **o**rgãozito, m**á**quina > m**a**quinazinha, rob**ô** > rob**o**zinho
BASE XIV — do trema		
	O trema é inteiramente suprimido em palavras da língua portuguesa	cinq**ü**enta, ag**ü**entar, tranq**ü**ilo, ling**ü**iça

como passa a ser	comentário	status
Valem ambas as formas em todos os países lusófonos		(dupla grafia)
sem mudança	É a **crase**	não mudou
sem mudança		não mudou
sem mudança		não mudou
sem mudança		não mudou
cinquenta, aguentar, tranquilo, linguiça	Mantém-se o trema em palavras estrangeiras e derivadas em português de nomes próprios estrangeiros, como **gö**thiano, **mü**lleriano, **ü**ber etc. Acredita-se que com a queda do trema não haverá alteração na pronúncia dos vocábulos, alguns de uso constante e popular (linguiça, aguentar). Espera-se que tenham a mesma sorte palavras de cunho erudito (aquífero, exequível, ubiquidade etc.) O **u** é pronunciado, mesmo sem o trema.	mudou no Brasil

item do Acordo	regra (muitas vezes com a redação simplificada)	como era
BASE XV — do hífen em compostos, locuções e encadeamentos vocabulares		
	Emprega-se o hífen	
1º	em compostas cujos elementos de natureza nominal, adjetiva, numeral ou verbal constituem uma unidade sintagmática e semântica e mantêm acento próprio	ano-luz, arco-íris, decreto-lei, médico-cirurgião, tenente-coronel, tio-avô, alcaide-mor, guarda-noturno, mato-grossense, norte-americano, conta-gotas azul-claro
2º	nos topônimos iniciados pelos adjetivos grão ou grã, ou por forma verbal, ou cujos elementos estejam ligados por artigo	**Grã**-Bretanha, **Grão**-Pará, **Passa**-Quatro, **Quebra**-Costas, Todos-**os**-Santos, Trás-**os**-Montes
3º	em palavras compostas que designam espécies zoológicas/botânicas	couve-flor, bem-te-vi, ervilha-de-cheiro, erva-doce, andorinha-do-mar,
4º	com os advérbios **bem** e **mal** quando formam com o elemento seguinte unidade sintagmática e semântica e este elemento começa com **vogal** ou **h**	bem-**a**venturado, bem-estar, bem-**h**umorado, mal-**a**gradecido, mal-**h**umorado
	Mesmo assim, **bem** ao contrário de **mal**, pode não se aglutinar com o elemento seguinte começado com consoante	bem-criado, malcriado, bem-ditoso, malditoso, bem-visto, malvisto, bem-nascido, malnascido
	bem pode se aglutinar em alguns casos com o elemento seguinte	benfazejo, benquisto,
5º	em compostas com **além**, **aquém**, **recém** e **sem**	além-mar, aquém-Pireneus, recém-chegado, sem-terra
não mencionado no Acordo	os elementos ântero-, êxtero-, ínfero-, póstero-, súpero- perdem o hífen e se aglutinam com o segundo elemento	ântero-esquerda, êxtero-inferior, ínfero-dianteiro, súpero-traseiro
7º	para ligar duas ou mais palavras que ocasionalmente se combinam não para formar palavras, mas encadeamentos vocabulares	ponte Rio-Niterói, Alsácia-Lorena, Liberdade-Igualda-de-Fraternidade

como passa a ser	comentário	status
sem mudança, mas interpretativo	Suscita a necessidade de interpretar o que é 'unidade sintagmática e semântica'. Conclusão da ABL: todas levam hífen menos as exceções: girassol, madressilva, mandachuva, pontapé, paraquedas (e derivadas), passatempo	
sem mudança	mas Belo Horizonte, América do Sul, Cabo Verde, Porto Alegre etc. (já se usava assim, mas a regra é nova)	**novo**
sem mudança	já se usava assim, mas a regra é nova.	**novo**
sem mudança		não mudou
sem mudança		não mudou
sem mudança		não mudou
sem mudança		não mudou
anteroesquerda, exteroinferior, inferodianteiro, superotraseiro		**mudou**
sem mudança	usava-se hífen ou travessão, a regra é nova	**novo**

item do Acordo	regra (muitas vezes com a redação simplificada)	como era
BASE XV — do hífen em compostos, locuções e encadeamentos vocabulares		
hífen em locuções 6º	NÃO se emprega o hífen em locuções salvo em exceções consagradas pelo uso	água-de-coco, rés-do-chão, pé-de-boi, jardim-de-infância, café-da-manhã
casos específicos	Certos compostos em relação aos quais se perdeu, em certa medida, a noção de composição, grafam-se aglutinadamente	pára-quedas, manda-chuva
BASE XVI — do hífen nas formações por prefixação, recomposição e sufixação		
1º Só se usa hífen: a)	quando o segundo elemento começa por **h**.	anti-**h**istórico, multi-**h**orário, super-**h**omem, sub-**h**umano
Obs.:	Não se usa hífen em formações com os prefixos **des**- e **in**-, bem como **co**- e **re**-, nas quais o segundo elemento perdeu o **h** inicial	desumano, inábil, desidratar, inabilitado, coabitar, reidratar
b)	nas formações em que o prefixo ou pseudoprefixo*** (v. Glossário) termina na mesma vogal com que se inicia o segundo elemento	pref.: anti**i**nflacionário, arqu**ii**nimigo; pseudopref.: micr**oo**ndas, aut**oo**bservação, min**ii**ntervenção, tel**ee**ducação
c)	nas formações com prefixos **circum**- e **pan**- quando o segundo elemento começa por **vogal**, **m**, **n** (além de **h**, já mencionado)	circum-escolar, circumurado, circumnavegar, pan-americano, pan-mediterrâneo, pan-nacional

como passa a ser	comentário	status
água de coco, rés do chão, pé de boi, jardim de infância, café da manhã. As exceções: água-de-colônia, arco-da-velha, cor-de-rosa, mais-que-perfeito, pé-de-meia, ao deus-dará, à queima-roupa.	Segundo a ABL, valem só as exceções mencionadas. Todas as demais locuções não têm hífen: dona de casa, café da manhã, Maria vai com as outras ** (ver comentário ao pé do quadro). Outras exceções (XV 3º): locuções que são nomes de animal ou de planta	mudou
girassol, mandachuva, pontapé, paraquedas, paraquedista, paraquedismo, madressilva	A ABL só considera exceção esses casos explícitos mencionados no Acordo, e ainda passatempo. Levam, portanto, hífen marca-passo, tira-teima, monta-carga, reco-reco, lero-lero, bota-fora, vira-mundo, para-lama etc.	mudou em parte
sem mudança		
	Obs.: em formações com os prefixos **co**- e **re**- cai o **h** e há aglutinação: coerdeiro, coabitar; reabilitar, reaver. Atenção: **co**- e **re**- sempre se aglutinam, com ou sem **h**: **co**piloto, **re**eleição etc.	mudou em parte
anti-**i**nflacionário, arqui-**i**nimigo micro-**o**ndas, auto-**o**bservação, mini-**i**ntervenção, tele-**e**ducação ou teleducação	exceções: **co**- (coordenar, cooptar) **re**- (reeleger, reenviar, restabelecer). Nesses casos, podem ser mantidas aglutinações ou fusões que ocorram naturalmente, como em telespectador, radiouvinte, microrganismo	mudou
circum-escolar, circum-murado, circum-navegar, pan-americano, pan-mediterrâneo, pan-nacional	mudança no caso de **circum**-, não de **pan**-	mudou em parte

item do Acordo	regra (muitas vezes com a redação simplificada)	como era
BASE XVI — do hífen nas formações por prefixação, recomposição e sufixação		
d)	nas formações com os prefixos **hiper-**, **inter-** e **super-**, **ciber-**, **nuper-**, quando o segundo elemento começa por **r** ou **h** [para o **h**, já visto em **a**)]	hiper-requintado, inter-resistente, super-radical, inter-hospitalar
e)	sempre, com os prefixos **ex-** (condição anterior, cessamento) **sota-**, **soto-**, **vice-**, **vizo-**	ex-presidente, ex-aluno, sota-piloto, soto-mestre, vice-rei, vizo-rei
f)	com os prefixos tônicos acentuados graficamente **pré-**, **pós-**, **pró-**, quando o segundo elemento tem vida à parte (mas as formas átonas desses prefixos aglutinam-se com o segundo elemento)	pré-escolar, pós-graduação, pró-asiático. MAS prever, pospor, promover etc.
e ainda	têm hífen palavras com os prefixos **ab-**, **ob-**, **sob-**, e **sub-** quando o segundo elemento começa por **b**, **h** ou **r**	ab-rogatório, ob-reptício, sob-roda, sub-bloco, sub-humano, sub-reitor
	têm hífen as palavras com o prefixo **ad-** quando o segundo elemento começa por **d**, **h** ou **r**	ad-digital, ad-rogação
2º Portanto, NÃO se usa hífen a)	quando o prefixo ou pseudoprefixo termina em vogal e o segundo elemento começa por **r** ou **s**, devendo essas consoantes duplicar-se	ultra-**s**om, anti-**s**emita, eco-**s**istema, mini-**s**aia, co-**s**eno, anti-**r**evolucionário, maxi-**r**estauração, contra-**r**egra, auto-estrada, hidroelétrico, co-piloto
b)	nas formações em que o prefixo ou pseudoprefixo (v. Glossário) termina em **vogal** e o elemento seguinte começa por **vogal diferente** ou **consoante** (neste último caso, a não ser nos casos específicos apontados)	aut**o**-**e**scola, contra-**i**ndicação, infra-**e**strutura, ultra-**e**xigente, semi-**a**rtesanal, extra-**o**ficial, anti**a**éreo, extra-**e**scolar, pluri**a**nual, aut**o**-**e**strada, hidr**o**-**e**létrico, c**o**-**p**iloto
3º Nas formações por sufixação	Só se usa hífen em palavra terminada por sufixo de origem tupi-guarani de função adjetiva (**açu**, **guaçu**, **mirim** etc.) quando o primeiro elemento acaba em **vogal** acentuada graficamente ou quando a pronúncia exige distinção gráfica	andirá-guaçu, cipó-guaçu, anda-açu, andaiá-açu, cajá-mirim, ipê-mirim, oiti-mirim

como passa a ser	comentário	status
sem mudança		não mudou
sem mudança		não mudou
sem mudança		não mudou
sem mudança		não mudou
sem mudança	Como regra geral, têm hífen formações com prefixos cuja última letra (vogal ou consoante) é igual à primeira letra do segundo elemento.	não mudou
ultra**ss**om, anti**ss**emita, eco**ss**istema, mini**ss**aia, co**ss**eno, anti**rr**evolucionário, maxi**rr**estauração, contra**rr**egra		**mudou**
aut**o**escola, contr**a**indicação, infr**a**estrutura, ultr**a**exigente, semi**ar**tesanal, extr**a**oficial, ant**ia**éreo, extr**a**escolar, plur**ia**nual, aut**o**estrada, hidr**o**elétrico, c**o**piloto	Em alguns casos já não se usava o hífen, mas a regra normatiza e torna inequívoco esse uso	**mudou**
sem mudança		não mudou

item do Acordo	regra (muitas vezes com a redação simplificada)	como era
BASES XVII a XXI		
	Usa-se hífen na ênclise e na tmese*** (v. Glossário)	amá-lo, disse-lhe, fá-lo-ei, acham-se
	Não se usa hífen nas ligações da prep **de** com formas monossilábicas do verbo **haver**	hei-de, hás-de, hão-de
	Usa-se hífen em formas pronominais enclíticas ao adv **eis**, e nas formas do tipo **no-lo, vo-lo** etc.	eis-me, ei-lo, no-lo, vo-lo
	São mantidas as regras atuais do uso do apóstrofo. São mantidas as regras atuais do uso de maiúsculas e minúsculas. São mantidas as regras atuais de divisão silábica	
*** GLOSSÁRIO		
	diacrítico – sinal gráfico que confere novo valor fonético à letra à qual é aplicado (são: acento agudo, acento circunflexo, acento grave, til, trema, cedilha, hífen)	**grafemas** – sinais gráficos que representam um fonema (são as letras)
	ênclise – incorporação ao verbo do pronome átono que lhe sucede: falou-me, avistou-nos, diga-lhe	**consonânticos** – ref. às consoantes. Os grafemas consonânticos são as letras que representam os sons das consoantes
	tmese – intercalação de um pronome átono entre o radical de um verbo e sua terminação; o mesmo que mesóclise: ex.: fá-lo-emos, dir-lhe-ei	

* O Acordo foi assinado pelos presidentes do Brasil e de Portugal em 2008, com início da vigência no Brasil marcado para 1º de janeiro de 2009. O período de transição deve se estender até 2012. A nova edição do Vocabulário Ortográfico da Academia Brasileira de Letras, publicada em março de 2009, deverá elucidar casos ainda não suficientemente claros e servirá de guia normativo para a nova ortografia.

** Segundo a ABL, valem só as exceções mencionadas. Todas as demais lexias com conectores (de, a, com, etc.) não levam hífen: água com açúcar, dona de casa, café da manhã, pé de moleque (embora pé-de-meia tenha), língua de sogra, água de cheiro (embora água-de-colônia tenha), salve-se quem puder (embora adivinhe-quem-vem-hoje tenha), tomara que caia, etc. Desta maneira, formas com cerca de 50 anos de registro em

como passa a ser	comentário	status
sem mudança		não mudou
hei de, hás de, hão de	para quem usava o hífen, mudou	novo
sem mudança		não mudou
	As disposições do Acordo Ortográfico nesses casos pouco ou nada muda nos usos atuais, mas os consagra como regra	não mudou
hiato – contiguidade de duas vogais que pertencem a sílabas diferentes	**prefixo** – elemento formador de palavras posto antes do radical; tem um significado que modifica ou realça o do radical; ex.: pré-, anti-	
rizotônico – diz-se de palavra cujo acento tônico está no radical, e não no sufixo, desinência etc.	**pseudoprefixo ou falso prefixo** – radical originário do grego ou do latim, que adquire o significado da palavra da qual era parte; ex.: auto-, tele-	

dicionários brasileiros e formas registradas com hífen tanto nos vocabulários da ABL quanto nos dicionários brasileiros e no dicionário da Academia de Ciências de Liboa não foram tidas como consagradas pelo uso, e ficaram, na escrita, entre os conceitos de locução e palavra, embora na fala mantenham pelo uso, sentido e função a identidade do signo linguístico: pé de alferes, pé de atleta, pé de boi, pé de cabra, pé de chumbo, pé de galinha, pé de moleque, pé de pato, etc.

Não esquecer que algumas dessas regras incidem sobre determinadas flexões de verbo, nem sempre em sua forma infinitiva, como é o caso, já tratado na matriz acima, de deem (dar), leem (ler), creem (crer) veem (ver), e outros como: apoio, apoias, apoiam, apoie, apoiem etc. (apoiar); estreias, estreia, estreiam (estrear); aguentou, aguei, sequestras etc.

Antes e depois da nova ortografia

(4 mil palavras e locuções que mudaram)

Algumas locuções que perderam o hífen contêm compostas referentes a animais ou plantas; em tais casos, o hífen é mantido nestas. Ex.: Bem-te-vi de igreja.

Em certos casos, locuções que perderam o hífen em decorrência do Acordo (aqui mencionadas) o mantém quando se referem a nomes de plantas ou de animais. Ex.: chapéu de sol (o chapéu) e chapéu-de-sol (árvore).

ANTES	DEPOIS	ANTES	DEPOIS
abantéia	abanteia	actigéia	actigeia
abelha-européia	abelha-europeia	actinéia	actineia
abóbora-pêba	abóbora peba	actinóide	actinoide
abrotanóide	abrotanoide	açúcar-de-beterraba	açúcar de beterraba
abrotonóide	abrotonoide	açúcar-de-caixa	açúcar de caixa
abutilóide	abutiloide	açúcar-de-cana	açúcar de cana
acácia-pára-sol	acácia-para-sol	açúcar-de-lasca	açúcar de lasca
acantóide	acantoide	açúcar-de-leite	açúcar de leite
acantozóide	acantozoide	açúcar-de-pedra	açúcar de pedra
acaróide	acaroide	açúcar-de-uva	açúcar de uva
acestéia	acesteia	acutibóia	acutiboia
acha-de-armas	acha de armas	acutimbóia	acutimboia
acléia	acleia	adenóide	adenoide
acméia	acmeia	adenóides	adenoides
açoite-de-rio	açoite de rio	adiantóide	adiantoide
acôo	acoo	a-do-ó	a do ó
acorçôo	acorçoo	adoréia	adoreia
açotéia	açoteia	aeróide	aeroide
acotilóide	acotiloide	afrodiséia	afrodiseia
acreano	acriano	aftóide	aftoide
acronizóico	acronizoico	agamoginomonóico	agamoginomonoico
actenóide	actenoide	agamóide	agamoide

ANTES	DEPOIS	ANTES	DEPOIS
aganipéia	aganipeia	agüentar	aguentar
agaricóide	agaricoide	agüente	aguente
ágata-da-islândia	ágata da islândia	águia-real-européia	águia-real-europeia
agatéia	agateia	agüinha	aguinha
agatóico	agatoico	agüino	aguino
agatóide	agatoide	aiouéia	aioueia
agéia	ageia	aiúba	aiuba
aleléia	ageleia	ajouvéia	ajouveia
agelenóide	agelenoide	ajudante-de-campo	ajudante de campo
ageratóide	ageratoide	ajudante-de-missa	ajudante de missa
aglutinóide	aglutinoide	ajudante-de-ordens	ajudante de ordens
agnóia	agnoia	ajugóide	ajugoide
agnotozóico	agnotozoico	a-la-mula	a la mula
água-com-açúcar	água com açúcar	alantóide	alantoide
água-da-guerra	água da guerra	alauíta	alauita
água-da-rainha-da-hungria	água da rainha da hungria	a-la-una	a la una
água-de-briga	água de briga	albuminóide	albuminoide
água-de-cheiro	água de cheiro	albumóides	albumoides
água-de-coco	água de coco	alcagüetagem	alcaguetagem
água-de-flor	água de flor	alcagüetar	alcaguetar
água-de-goma	água de goma	alcagüete	alcaguete
água-de-végeto	água de végeto	alcalóide	alcaloide
água-marinha-junquilha	água marinha junquilha	alcanóide	alcanoide
água-que-passarinho-não-bebe	água que passarinho não bebe	alcatéia	alcateia
águas-de-setembro	águas de setembro	aléia	aleia
agüeira	agueira	alginóide	alginoide
agüeiro	agueiro	algodão-de-açúcar	algodão de açúcar
agüentadeiro	aguentadeiro	algodão-de-vidro	algodão de vidro
agüentado	aguentado	aliluréia	alilureia
agüentador	aguentador	alingüetado	alinguetado

ANTES	DEPOIS	ANTES	DEPOIS
alismóide	alismoide	amilóide	amiloide
alissóide	alissoide	amniorréia	amniorreia
alma-do-padeiro	alma do padeiro	amonóide	amonoide
almirante-de-esquadra	almirante de esquadra	amoréia	amoreia
almorróidas	almorroidas	anadéia	anadeia
alodiplóide	alodiploide	anafilactóide	anafilactoide
alóico	aloico	anapnóico	anapnoico
aloplóide	aloploide	anarréia	anarreia
alopoliplóide	alopoliploide	anarréico	anarreico
alotetraplóide	alotetraploide	ancilóide	anciloide
alozoóide	alozooide	anciróide	anciroide
alta-e-baixa	alta e baixa	andracnéia	andracneia
altéia	alteia	andréia	andreia
altiloqüência	altiloquência	andrenóide	andrenoide
altiloqüente	altiloquente	androginóide	androginoide
alto-e-malo	alto e malo	andróide	androide
ama-de-leite	ama de leite	andromonóico	andromonoico
amaltéia	amalteia	anepiplóico	anepiploico
amarabóia	amaraboia	aneróide	aneroide
ambigüidade	ambiguidade	anfiblestróide	anfiblestroide
amebóide	ameboide	angiorréico	angiorreico
amenorréia	amenorreia	angu-de-caroço	angu de caroço
amenorréico	amenorreico	angüeira	angueira
ametóico	ametoico	angüicomado	anguicomado
amiantóide	amiantoide	angüicomo	anguicomo
amibóide	amiboide	angüídeo	anguídeo
amidaleano	amidaliano	angüífero	anguífero
amidalóide	amidaloide	angüiforme	anguiforme
amigdalóide	amigdaloide	angüígeno	anguígeno
amigo-da-onça	amigo da onça	angüila	anguila

ANTES	DEPOIS	ANTES	DEPOIS
angüilária	anguilária	ante-rosto	anterrosto
angüiliforme	anguiliforme	anterozóide	anterozoide
angüílula	anguílula	ante-sacristia	antessacristia
angüilulado	anguilulado	ante-sabor	antessabor
angüilulídeos	anguilulídeos	ante-sala	antessala
angüilulose	anguilulose	ante-sazão	antessazão
angüina	anguina	antes-de-ontem	antes de ontem
angüinha	anguinha	ante-socrático	antessocrático
angüino	anguino	antidiarréico	antidiarreico
angüipede	anguipede	antidispnéico	antidispneico
angüirrodente	anguirrodente	antigüidade	antiguidade
angüis	anguis	anti-heróico	anti-heroico
angüissáurio	anguissáurio	antiibérico	anti-ibérico
angüite	anguite	antiiberismo	anti-iberismo
angüivíperas	anguivíperas	antiiberista	anti-iberista
anhangüerino	anhanguerino	antiictérico	anti-ictérico
anisóico	anisoico	antiigualitário	anti-igualitário
anisóide	anisoide	antiiluminista	anti-iluminista
anoiúbas	anoiubas	antiilusionismo	anti-ilusionismo
anoléico	anoleico	antiilusionista	anti-ilusionista
ante-à-ré	ante à ré	antiimigração	anti-imigração
ante-estréia	ante-estreia	antiimigrante	anti-imigrante
ante-real	anterreal	antiimigrantista	anti-imigrantista
ante-republicano	anterrepublicano	antiimperialismo	anti-imperialismo
ântero-dorsal	anterodorsal	antiimperialista	anti-imperialista
ântero-exterior	anteroexterior	antiincêndio	anti-incêndio
anteróide	anteroide	antiindígena	anti-indígena
ântero-inferior	anteroinferior	antiindustrial	anti-industrial
ântero-interior	anterointerior	antiindutivo	anti-indutivo
ântero-lateral	anterolateral	antiinfalibilismo	anti-infalibilismo
ântero-posterior	anteroposterior	antiinfalibilista	anti-infalibilista
ântero-superior	anterossuperior	antiinfeccioso	anti-infeccioso

ANTES	DEPOIS	ANTES	DEPOIS
antiinfecioso	anti-infecioso	anti-ressonância	antirressonância
antiinflação	anti-inflação	anti-reumático	antirreumático
antiinflacionário	anti-inflacionário	anti-reumatismal	antirreumatismal
antiinflamatório	anti-inflamatório	anti-revisionismo	antirrevisionismo
antiintegralismo	anti-integralismo	anti-revisionista	antirrevisionista
antiintegralista	anti-integralista	anti-revolução	antirrevolução
antiintelectual	anti-intelectual	anti-revolucionário	antirrevolucionário
antiintelectualismo	anti-intelectualismo	anti-romance	antirromance
antiintervencionismo	anti-intervencionismo	anti-roubo	antirroubo
antiislâmico	anti-islâmico	antirréia	antirreia
antiisraelense	anti-israelense	anti-rugas	antirrugas
antiitérico	anti-itérico	anti-sátira	antissátira
antilombrigóide	antilombrigoide	anti-semita	antissemita
antiqüíssimo	antiquíssimo	anti-semítico	antissemítico
anti-rábico	antirrábico	anti-semitismo	antissemitismo
anti-racional	antirracional	anti-sepsia	antissepsia
anti-racionalismo	antirracionalismo	anti-séptico	antisséptico
anti-racionalista	antirracionalista	anti-seqüestro	antissequestro
anti-racismo	antirracismo	anti-sezonático	antissezonático
anti-racista	antirracista	anti-sifilítico	antissifilítico
anti-raquítico	antirraquítico	anti-sigma	antissigma
anti-real	antirreal	anti-sigma-mais	antissigma-mais
anti-realismo	antirrealismo	anti-sigma-menos	antissigma-menos
anti-realista	antirrealista	anti-sigma-zero	antissigma-zero
anti-reformista	antirreformista	anti-simbólico	antissimbólico
anti-regimental	antirregimental	anti-sinodal	antissinodal
anti-regulamentar	antirregulamentar	anti-sísmico	antissísmico
anti-religioso	antirreligioso	anti-sociabilidade	antissociabilidade
anti-republicanismo	antirrepublicanismo	anti-social	antissocial
anti-republicano	antirrepublicano	anti-socialismo	antissocialismo

ANTES	DEPOIS	ANTES	DEPOIS
anti-soro	antissoro	aqüícola	aquícola
anti-soviético	antissoviético	aqüicultor	aquicultor
antisséia	antisseia	aqüicultura	aquicultura
anti-submarino	antissubmarino	aqui-del-rei!	aqui del-rei!
anti-sudoral	antissudoral	aqüífero	aquífero
antofilóide	antofiloide	aqüifoliácea	aquifoliácea
antracóide	antracoide	aqüifoliáceas	aquifoliáceas
antropeano	antropiano	aqüifoliáceo	aquifoliáceo
antropodicéia	antropodiceia	aqüifólio	aquifólio
antropóide	antropoide	aqüígeno	aquígeno
antropozóico	antropozoico	aqüijirós	aquijirós
apalacheano	apalachiano	aqüiléia	aquileia
apanha-o-bago	apanha o bago	aqüiléico	aquileico
apióide	apioide	aqüileiense	aquileiense
apnéia	apneia	aqüíparo	aquíparo
apnéico	apneico	aqüista	aquista
apoplectóide	apoplectoide	arabóia	araboia
apopletóide	apopletoide	aracangüira	aracanguira
aporréia	aporreia	aracnóide	aracnoide
apotropéia	apotropeia	araçóia	araçoia
apsiforóides	apsiforoides	araméia	arameia
apuléia	apuleia	araneano	araniano
aqü(i)-	aqu(i)-	ararabóia	araraboia
aquéia	aqueia	ararambóia	araramboia
aqüense	aquense	araticum-de-bóia	araticum-de-boia
áqüeo	áqueo	arauembóia	arauemboia
aqüicaldenses	aquicaldenses	arazóia	arazoia
áqüico	áquico	arco-da-aliança	arco da aliança
anti-socialista	antissocialista	arco-da-chuva	arco da chuva
anti-sociável	antissociável	arco-de-deus	arco de deus
anti-sofista	antissofista	arco-e-flecha	arco e flecha
aqui-del-rei	aqui del-rei	arcorréia	arcorreia

ANTES	DEPOIS	ANTES	DEPOIS
arcorréico	arcorreico	arqui-sinagoga	arquissinagoga
ar-de-dia	ar de dia	arqui-sinagogo	arquissinagogo
ar-de-vento	ar de vento	arqui-sofista	arquissofista
ardiéia	ardeia	arranjo-de-cada-um	arranjo de cada um
arenga-de-mulher	arenga de mulher	arrotéia	arroteia
argentéira	argenteira	arroto-de-gruna	arroto de gruna
argilóide	argiloide	arroz-de-auçá	arroz de auçá
argiropéia	argiropeia	arroz-de-cuxá	arroz de cuxá
argüente	arguente	arroz-de-festa	arroz de festa
argüição	arguição	arroz-de-leite	arroz de leite
argüido	arguido	arroz-de-uçá	arroz de uçá
argüidor	arguidor	arroz-doce-de-pagode	arroz doce de pagode
argüir	arguir	árvore-da-judéia	árvore-da-judeia
argüitivo	arguitivo	asa-de-morcego	asa de morcego
argüível	arguível	asa-de-mosca	asa de mosca
arigbóia	arigboia	asaquéia	asaqueia
aristéia	aristeia	asaróide	asaroide
aritenóide	aritenoide	asas-de-pau	asas de pau
arqueano	arquiano	asbestóide	asbestoide
arqueozóico	arqueozoico	ascalabotóide	ascalabotoide
arquiinimigo	arqui-inimigo	ás-de-copas	ás de copas
arquiirmandade	arqui-irmandade	ás-de-paus	ás de paus
arqui-rabino	arquirrabino	aséia	aseia
arqui-reacionário	arquirreacionário	aspirante-a-oficial	aspirante a oficial
arqui-rival	arquirrival	asplenióide	asplenioide
arqui-romântico	arquirromântico	assembléia	assembleia
arqui-sacerdote	arquissacerdote	astacóide	astacoide
arqui-são	arquissão	astartéia	astarteia
arqui-sátrapa	arquissátrapa	asteróide	asteroide
arqui-secular	arquissecular	astragalóide	astragaloide
arqui-senescal	arquissenescal	astrapéia	astrapeia

ANTES	DEPOIS	ANTES	DEPOIS
astréia	astreia	auto-alarme	autoalarme
astróide	astroide	auto-alimentado	autoalimentado
atabaféia	atabafeia	auto-alimentar-se	autoalimentar-se
ataléia	ataleia	auto-análise	autoanálise
atéia	ateia	auto-anistia	autoanistia
atemóia	atemoia	auto-anticorpo	autoanticorpo
atenéias	ateneias	auto-antígeno	autoantígeno
atílio-vivacqüense	atílio-vivacquense	auto-apelido	autoapelido
atlóide	atloide	auto-aperfeiçoamento	autoaperfeiçoamento
atopomenorréia	atopomenorreia	auto-aperfeiçoar-se	autoaperfeiçoar-se
atrôo	atroo	auto-aplicação	autoaplicação
audiofreqüência	audiofrequência	auto-aplicar-se	autoaplicar-se
auíba	auiba	auto-aplicável	autoaplicável
auto-abastecer-se	autoabastecer-se	auto-apreço	autoapreço
auto-abastecimento	autoabastecimento	auto-aprendizado	autoaprendizado
auto-absolvição	autoabsolvição	auto-aprendizagem	autoaprendizagem
auto-absorver-se	autoabsorver-se	auto-apresentação	autoapresentação
auto-aceitação	autoaceitação	auto-apresentar-se	autoapresentar-se
auto-acusação	autoacusação	auto-aprimoramento	autoaprimoramento
auto-acusador	autoacusador	auto-aprovação	autoaprovação
auto-adaptação	autoadaptação	auto-ativação	autoativação
auto-adesivo	autoadesivo	auto-atribuição	autoatribuição
auto-administrável	autoadministrável	auto-avaliação	autoavaliação
auto-admiração	autoadmiração	auto-aversão	autoaversão
auto-afirmação	autoafirmação	auto-de-fé	auto de fé
auto-afirmar-se	autoafirmar-se	auto-de-linha	auto de linha
auto-afirmativo	autoafirmativo	auto-ecologia	autoecologia
auto-aglutinação	autoaglutinação	auto-educação	autoeducação
auto-ajuda	autoajuda	auto-eliminação	autoeliminação
auto-ajustável	autoajustável	auto-elogio	autoelogio

ANTES	DEPOIS	ANTES	DEPOIS
auto-emancipação	autoemancipação	auto-identificação	autoidentificação
auto-empossado	autoempossado	auto-idólatra	autoidólatra
auto-enganação	autoenganação	auto-idolatria	autoidolatria
auto-enganado	autoenganado	auto-ignição	autoignição
auto-engrandecimento	autoengrandecimento	auto-iluminação	autoiluminação
auto-entrega	autoentrega	auto-iluminado	autoiluminado
auto-enxerto	autoenxerto	auto-imagem	autoimagem
auto-erótico	autoerótico	auto-imolação	autoimolação
auto-erotismo	autoerotismo	auto-impor-se	autoimpor-se
auto-escola	autoescola	auto-importância	autoimportância
auto-escultura	autoescultura	auto-imune	autoimune
auto-estetoscópico	autoestetoscópico	auto-imunidade	autoimunidade
auto-estetoscópio	autoestetoscópio	auto-imunitário	autoimunitário
auto-estilização	autoestilização	auto-imunização	autoimunização
auto-estima	autoestima	auto-inclusão	autoinclusão
auto-estimulação	autoestimulação	auto-incriminação	autoincriminação
auto-estímulo	autoestímulo	auto-incriminar-se	autoincriminar-se
auto-estrada	autoestrada	auto-indicar-se	autoindicar-se
auto-exaltação	autoexaltação	auto-indução	autoindução
auto-exame	autoexame	auto-indulgência	autoindulgência
auto-excitador	autoexcitador	auto-indulgente	autoindulgente
auto-excitadora	autoexcitadora	auto-infeção	autoinfeção
auto-excitatriz	autoexcitatriz	auto-infecção	autoinfecção
auto-exclusão	autoexclusão	auto-inflamação	autoinflamação
auto-exilado	autoexilado	auto-injetar-se	autoinjetar-se
auto-exilar-se	autoexilar-se	auto-inoculação	autoinoculação
auto-explicativo	autoexplicativo	auto-instituído	autoinstituído
auto-explosão	autoexplosão	auto-interesse	autointeresse
auto-expressão	autoexpressão	auto-intitulado	autointitulado
auto-expurgo	autoexpurgo	auto-intitular-se	autointitular-se
auto-identidade	autoidentidade	auto-intoxicação	autointoxicação

ANTES	DEPOIS	ANTES	DEPOIS
auto-intoxicar-se	autointoxicar-se	auto-rotular-se	autorrotular-se
auto-isolamento	autoisolamento	auto-satisfação	autossatisfação
autopoliplóide	autopoliploide	auto-segregação	autossegregação
auto-rádio	autorrádio	auto-segurança	autossegurança
auto-reajuste	autorreajuste	auto-seroterapica	autosseroterapica
auto-realização	autorrealização	auto-serviço	autosserviço
auto-realizar-se	autorrealizar-se	auto-socorro	autossocorro
auto-reconhecimento	autorreconhecimento	auto-soro	autossoro
auto-redução	autorredução	auto-suficiência	autossuficiência
auto-redutor	autorredutor	auto-suficiente	autossuficiente
auto-reflexão	autorreflexão	auto-sugestão	autossugestão
auto-refrigeração	autorrefrigeração	auto-sugestionar	autossugestionar
auto-regeneração	autorregeneração	auto-superação	autossuperação
auto-reger-se	autorreger-se	auto-sustentabilidade	autossustentabilidade
auto-regulação	autorregulação	auto-sustentação	autossustentação
auto-regulado	autorregulado	auto-sustentado	autossustentado
auto-regulador	autorregulador	auto-sustentável	autossustentável
auto-regulamentação	autorregulamentação	axóide	axoide
auto-regulamentar-se	autorregulamentar-se	axonóide	axonoide
auto-regular-se	autorregular-se	azaléia	azaleia
auto-regulável	autorregulável	azeite-de-dendê	azeite de dendê
auto-rejeição	autorrejeição	azeite-de-pau	azeite de pau
auto-renovação	autorrenovação	azóico	azoico
auto-replicação	autorreplicação	azotorréia	azotorreia
auto-replicante	autorreplicante	azulão-bóia	azulão-boia
auto-repressão	autorrepressão	azul-da-montanha	azul da montanha
auto-respeito	autorrespeito	azul-da-prússia	azul da prússia
auto-retificação	autorretificação	azul-de-metileno	azul de metileno
auto-retrato	autorretrato	azul-de-metilo	azul de metilo

ANTES	DEPOIS	ANTES	DEPOIS
azul-de-paris	azul de paris	barca-de-ouro	barca de ouro
azul-do-céu	azul do céu	barriga-de-freira	barriga de freira
azul-do-egito	azul do egito	barriga-de-samburá	barriga de samburá
azul-dos-bosques	azul dos bosques	basiopinacóide	basiopinacoide
azulóio	azuloio	batracóide	batracoide
baglatéia	baglateia	bebe-em-branco	bebe em branco
baio-café-com-leite	baio café com leite	becortopnéia	becortopneia
baiúca	baiuca	bedegüeba	bedegueba
balaio-de-gatos	balaio de gatos	beijo-de-moça	beijo de moça
balanóide	balanoide	belemnóides	belemnoides
balanorréia	balanorreia	beliscão-de-frade	beliscão de frade
balão-de-ensaio	balão de ensaio	bem-de-fala	bem de fala
balaméia	balameia	bem-te-vi-de-igreja	bem-te-vi de igreja*
bálsamo-de-enxofre	bálsamo de enxofre	benzóico	benzoico
balsamóide	balsamoide	beque-de-avanço	beque de avanço
bálsamo-tranqüilo	bálsamo-tranquilo	beque-de-espera	beque de espera
banabóia	banaboia	berimbau-de-barriga	berimbau de barriga
banga-la-fumenga	banga la fumenga	betume-da-judéia	betume da judeia
bangüe	bangue	bexigas-de-carneiro	bexigas de carneiro
bangüeiro	bangueiro	biblioréia	biblioreia
bangüezeiro	banguezeiro	bibliorréico	bibliorreico
bangüezista	banguezista	bicho-da-toca	bicho da toca
banho-de-igreja	banho de igreja	bicho-de-medrança	bicho de medrança
banzé-de-cuia	banzé de cuia	bicho-de-pena	bicho de pena
baqueano	baquiano	bicho-de-saia	bicho de saia
barata-de-sacristia	barata de sacristia	bicho-de-sete-cabeças	bicho de sete cabeças
barba-de-baleia	barba de baleia	bicho-de-unha	bicho de unha
barba-de-milho	barba de milho	bicho-do-mato	bicho do mato
barboseano	barbosiano	bico-de-asno	bico de asno
bico-de-gavião	bico de gavião	boca-de-praga	boca de praga

* Sem hifens no VOLP, embora o 1º elemento seja um pássaro.

ANTES	DEPOIS	ANTES	DEPOIS
bico-de-grou-sangüíneo	bico-de-grou-sanguíneo	boca-de-sino	boca de sino
bico-de-mocho	bico de mocho	boca-de-siri	boca de siri
bico-de-obra	bico de obra	boca-de-urna	boca de urna
bico-de-papagaio	bico de papagaio*	boca-do-lixo	boca do lixo
bico-de-pena	bico de pena	bocaiúva	bocaiuva
bico-de-proa	bico de proa	boforóide	boforoide
bico-de-viúva	bico de viúva	bóia	boia
bigode-de-arame	bigode de arame	-bóia	-boia
bilíngüe	bilíngue	bóia-fria	boia-fria
bilingüismo	bilinguismo	boi-com-folhagens	boi com folhagens
biolingüista	biolinguista	boi-na-vara	boi na vara
birigüi	birigui	boioçubóia	boioçuboia
birigüiense	biriguiense	boiúna	boiuna
biungüiculado	biunguiculado	boiúno	boiuno
blablablá	blá-blá-blá	bola-ao-alto	bola ao alto
blefaroblenorréia	blefaroblenorreia	bola-ao-cesto	bola ao cesto
blenorréia	blenorreia	bola-ao-chão	bola ao chão
blenorróide	blenorroide	bola-de-neve	bola de neve
blenotorréia	blenotorreia	bolas-de-unto	bolas de unto
boa-noite-cinderela	boa noite cinderela	boléia	boleia
bobéia	bobeia	bolo-de-rolo	bolo de rolo
bobo-da-corte	bobo da corte	bonabóia	bonaboia
boca-a-boca	boca a boca	booleano	booliano
boca-acreano	boca-acriano	borda-do-campo	borda do campo
boca-da-noite	boca da noite	bosta-de-barata	bosta de barata
boca-de-cano	boca de cano	bosta-de-cabra	bosta de cabra
boca-de-favas	boca de favas	bota-de-elástico	bota de elástico
boca-de-fogo	boca de fogo	botão-de-casaca	botão de casaca
boca-de-incêndio	boca de incêndio	botrióide	botrioide
braço-de-armas	braço de armas	cabeça-de-galo	cabeça de galo

* Nariz adunco, excrescência óssea.

ANTES	DEPOIS	ANTES	DEPOIS
braço-de-ferro	braço de ferro	cabeça-de-lobo	cabeça de lobo
bradipnéia	bradipneia	cabeça-de-negro	cabeça de negro**
branco-da-bahia	branco da bahia	cabeça-de-nós-todos	cabeça de nós todos
brancóide	brancoide	cabeça-de-passa-rinho	cabeça de passa-rinho
braquipinacóide	braquipinacoide	cabeça-de-pau	cabeça de pau
braquipnéia	braquipneia	cabeça-de-ponte	cabeça de ponte
braquiúro	braquiuro	cabeça-de-porco	cabeça de porco
brevilíngüe	brevilíngue	cabeça-de-porongo	cabeça de porongo
brigadeiro-do-ar	brigadeiro do ar	cabeça-de-praia	cabeça de praia
brinco-de-sagüi	brinco-de-sagui	cabeça-de-prego	cabeça de prego***
brincos-de-sagüim	brincos-de-saguim	cabeça-de-preto	cabeça de preto
broncorréia	broncorreia	cabeça-de-rede	cabeça de rede
bruguéia	brugueia	cabeça-de-tremoço	cabeça de tremoço
bucho-de-piaba	bucho de piaba	cabeça-de-vento	cabeça de vento
budléia	budleia	cabéia	cabeia
bugróide	bugroide	cabeleira-de-vênus	cabeleira de vênus
bumba-meu-boi	bumba meu boi	cabelo-de-anjo	cabelo de anjo
cabeça-de-água	cabeça de água	cabo-de-cento	cabo de cento
cabeça-de-área	cabeça de área	cabo-de-esquadra	cabo de esquadra
cabeça-de-arroz	cabeça de arroz	cabo-de-guerra	cabo de guerra
cabeça-de-bagre	cabeça de bagre	cabo-de-marinheiros	cabo de marinheiros
cabeça-de-camarão	cabeça de camarão	cabo-de-polícia	cabo de polícia
cabeça-de-campo	cabeça de campo	cabo-de-segurança	cabo de segurança
cabeça-de-cavalo	cabeça de cavalo	cabo-de-tropa	cabo de tropa
cabeça-de-chapa	cabeça de chapa	cabra-da-rede-rasgada	cabra da rede rasgada
cabeça-de-chave	cabeça de chave	cabra-de-assombração	cabra de assombração
cabeça-de-coco	cabeça de coco*	cabra-de-chifre	cabra de chifre
cabeça-de-cuia	cabeça de cuia	cabra-de-peia	cabra de peia

* Cabeça de vento.
** Pequena bomba.
*** Furúnculo.

ANTES	DEPOIS	ANTES	DEPOIS
cacabóia	cacaboia	caldo-de-cana	caldo de cana
cachorro-de-engenheiro	cachorro de engenheiro	caldo-de-feijão	caldo de feijão
cachorros-de-proa	cachorros de proa	cama-de-bretão	cama de bretão
cacildeano	cacildiano	cama-de-gato	cama de gato
caco-de-telha	caco de telha	cama-de-varas	cama de varas
cactóide	cactoide	cama-de-vento	cama de vento
cadméia	cadmeia	câmara-de-ar	câmara de ar
café-com-isca	café com isca	camarote-do-torres	camarote do torres
café-com-leite	café com leite	caméléia	cameleia
café-com-mistura	café com mistura	camisa-de-força	camisa de força
café-da-manhã	café da manhã	camisa-de-meia	camisa de meia
café-de-duas-mãos	café de duas mãos	camisa-de-vênus	camisa de vênus
caféico	cafeico	camisola-de-forças	camisola de forças
cafundó-de-judas	cafundó de judas	canabinóide	canabinoide
cafundó-do-judas	cafundó do judas	cancléia	cancleia
cagüetagem	caguetagem	cancróide	cancroide
cagüetar	caguetar	canopéia	canopeia
cagüete, cagüeta	caguete, cagueta	capa-de-honras	capa de honras
cagüira	caguira	capa-e-espada	capa e espada
caixa-de-catarro	caixa de catarro	capitão-de-areia	capitão de areia
caixa-de-fósforos	caixa de fósforos	capitão-de-corveta	capitão de corveta
calamóide	calamoide	capitão-de-estrada	capitão de estrada
calatróia	calatroia	capitão-de-fragata	capitão de fragata
calcaneano	calcaniano	capitão-de-mar-e-guerra	capitão de mar e guerra
calcanhar-de-aquiles	calcanhar de aquiles	capnóide	capnoide
calcanhar-de-judas	calcanhar de judas	capoeira-de-machado	capoeira de machado
calção-de-couro	calção de couro	capoeira-de-pau-de-machado	capoeira de pau de machado
calcóide	calcoide	capróico	caproico
caldéia	caldeia	cara-de-açúcar	cara de açúcar

ANTES	DEPOIS	ANTES	DEPOIS
cara-de-mamão-macho	cara de mamão-macho	catimbóia	catimboia
cara-de-pau	cara de pau	cativo-de-chumbo	cativo de chumbo
carcinóide	carcinoide	cativo-de-ferro	cativo de ferro
cardeal-a-quatro	cardeal a quatro	catléia	catleia
cardióide	cardioide	catróio	catroio
carne-de-pescoço	carne de pescoço	caucasóide	caucasoide
carne-de-sertão	carne de sertão	cauda-de-andorinha	cauda de andorinha
carne-de-soja	carne de soja	cauíla	cauila
carne-de-sol	carne de sol	cauíra	cauira
carne-de-vento	carne de vento	caulóide	cauloide
carne-do-ceará	carne do ceará	cavalo-de-campo	cavalo de campo
carne-do-sertão	carne do sertão	cavalo-de-crista	cavalo de crista
carne-do-sul	carne do sul	cavalo-de-pau	cavalo de pau
carotenóide	carotenoide	cavalo-de-tróia	cavalo de troia
carpinteiro-da-praia	carpinteiro da praia	cavalo-do-cão	cavalo do cão
carrinho-do-monte	carrinho do monte	caveira-de-burro	caveira de burro
carro-de-boi	carro de boi	cefaléia	cefaleia
carro-de-combate	carro de combate	cefaléico	cefaleico
carvão-de-pedra	carvão de pedra	cefalóide	cefaloide
casaca-de-ferro	casaca de ferro	celidéia	celideia
casa-da-mãe-joana	casa da mãe joana	celulóide	celuloide
casa-de-orates	casa de orates	cenozóico	cenozoico
casco-de-burro	casco de burro	centilíngüe	centilíngue
casco-de-peba	casco de peba	centopéia	centopeia
caséico	caseico	centro-avante	centroavante
cassinóide	cassinoide	centróide	centroide
cassiopéia	cassiopeia	cerigüela	ceriguela
catangüera	catanguera	ceróide	ceroide
catenóides	catenoides	cestóide	cestoide
catesbéia	catesbeia	chá-da-meia-noite	chá da meia-noite
catigüense	catiguense	chá-de-alecrim	chá de alecrim

ANTES	DEPOIS	ANTES	DEPOIS
chá-de-bar	chá de bar	chave-de-cadeia	chave de cadeia
chá-de-barriguinha	chá de barriguinha	chaveense	chaviense
chá-de-bebê	chá de bebê	cheleano	cheliano
chá-de-berço	chá de berço	chico-da-ronda	chico da ronda
chá-de-besta	chá de besta	chico-das-dores	chico das dores
chá-de-bico	chá de bico	chifre-de-boi	chifre de boi
chá-de-bundinha	chá de bundinha	chifre-de-cabra	chifre de cabra
chá-de-burro	chá de burro	chirimóia	chirimoia
chá-de-cadeira	chá de cadeira	chove-não-molha	chove não molha
chá-de-cana	chá de cana	chupador-de-anta	chupador de anta
chá-de-casca-de-vaca	chá de casca de vaca	chuva-de-caju	chuva de caju
chá-de-cipó	chá de cipó	chuva-de-caroço	chuva de caroço
chá-de-cozinha	chá de cozinha	chuva-de-rama	chuva de rama
chã-de-dentro	chã de dentro	chuva-de-santa-luzia	chuva de santa luzia
chá-de-espera	chá de espera	chuva-dos-cajueiros	chuva dos cajueiros
chã-de-fora	chã de fora	chuva-dos-imbus	chuva dos imbus
chá-de-garfo	chá de garfo	ciamóide	ciamoide
chá-de-homem	chá de homem	cianóide	cianoide
chá-de-panela	chá de panela	ciatóide	ciatoide
chá-de-parreira	chá de parreira	cicisbéia	cicisbeia
chá-de-porta	chá de porta	iclóide	cicloide
chá-de-sumiço	chá de sumiço	cicnóide	cicnoide
champanha-de-cordão	champanha de cordão	cilindróide	cilindroide
changüi	changui	cinqüenta	cinquenta
chapéu-de-chile	chapéu de chile	cinqüentão	cinquentão
chapéu-de-chuva	chapéu de chuva	cinqüentavo	cinquentavo
chapéu-de-sol*	chapéu de sol	cinqüentenário	cinquentenário
chapéu-do-chile	chapéu do chile	cinqüentona	cinquentona
charque-de-vento	charque de vento	cinqüesma	cinquesma

* Guarda-sol.

ANTES	DEPOIS	ANTES	DEPOIS
cinto-de-couro	cinto de couro	co-adaptar	coadaptar
cipó-de-boi	cipó de boi*	co-administrar	coadministrar
ciprinóides	ciprinoides	co-aluno	coaluno
circéia	circeia	coanóide	coanoide
circumeridiano	circum-meridiano	co-apóstolo	coapóstolo
circumurado	circum-murado	co-apresentador	coapresentador
circunavegação	circum-navegação	co-arrendador	coarrendador
circunavegado	circum-navegado	co-arrendamento	coarrendamento
circunavegador	circum-navegador	co-arrendar	coarrendar
circunavegão	circum-navegão	co-arrendatario	coarrendatario
circunavegar	circum-navegar	co-artilheiro	coartilheiro
circunavegável	circum-navegável	co-associado	coassociado
cirenéia	cireneia	co-astro	coastro
cirróide	cirroide	co-autor	coautor
cirsóide	cirsoide	co-autoria	coautoria
cirtéia	cirteia	co-avalista	coavalista
cissóide	cissoide	cobéia	cobeia
cisticercóide	cisticercoide	coca-de-água	coca de água
cistóide	cistoide	coccigeano	coccigiano
cistorréia	cistorreia	co-celebrar	cocelebrar
citéia	citeia	cocléia	cocleia
clarabóia	claraboia	cocoéias	cocoeias
clariceano	clariciano	co-credor	cocredor
clenóides	clenoides	co-defensor	codefensor
clinóide	clinoide	co-delinqüência	codelinquência
clinopinacóide	clinopinacoide	co-delinqüente	codelinquente
cloritóide	cloritoide	co-demandante	codemandante
co-acusado	coacusado	co-descobridor	codescobridor
co-administração	coadministração	co-detentor	codetentor
co-administrador	coadministrador	co-devedor	codevedor

* Chicote.

ANTES	DEPOIS	ANTES	DEPOIS
co-dialeto	codialeto	co-herdar	coerdar
co-direção	codireção	co-herdeiro	coerdeiro
co-diretor	codiretor	cóia	coia
co-dirigente	codirigente	co-inquilino	coinquilino
co-dirigir	codirigir	co-instrução	coinstrução
co-doador	codoador	co-interessado	cointeressado
co-dominância	codominância	cóio	coio
co-domínio	codomínio	cóira	coira
co-donatário	codonatário	co-latitude	colatitude
co-edição	coedição	colchão-de-espuma	colchão de espuma
co-editar	coeditar	colchão-de-noiva	colchão de noiva
co-editor	coeditor	colchão-de-noivo	colchão de noivo
co-educação	coeducação	co-legatário	colegatário
co-educacionismo	coeducacionismo	coleróide	coleroide
co-educacionista	coeducacionista	colete-de-couro	colete de couro
co-educar	coeducar	colete-de-força	colete de força
co-educativo	coeducativo	colhedoiro-de-couves	colhedoiro de couves
co-elaborado	coelaborado	colhedouro-de-couves	colhedouro de couves
co-eleitor	coeleitor	colméia	colmeia
co-enfiteuta	coenfiteuta	co-logaritmo	cologaritmo
co-eremita	coeremita	colóide	coloide
co-esposa	coesposa	colorréia	colorreia
co-estrela	coestrela	colossucorréia	colossucorreia
co-estrelar	coestrelar	colotifóide	colotifoide
co-evangelista	coevangelista	coluna-do-meio	coluna do meio
co-fator	cofator	co-mandante	comandante
co-fiador	cofiador	comandante-em-chefe	comandante em chefe
co-fundador	cofundador	combóia	comboia
co-gestão	cogestão	co-mediador	comediador
co-gestor	cogestor	come-e-dorme	come e dorme

ANTES	DEPOIS	ANTES	DEPOIS
come-em-vão	come em vão	contra-erva-do-peru	contraerva-do-peru
comercialóide	comercialoide	contra-escarpa	contraescarpa
co-ministro	coministro	contra-escota	contraescota
complatéia	complateia	contra-escritura	contraescritura
com-qüibus	com-quibus	contra-esfregar	contraesfregar
comum-de-dois	comum de dois	contra-espião	contraespião
comunistóide	comunistoide	contra-espionagem	contraespionagem
concóide	concoide	contra-estais	contraestais
condilóide	condiloide	contra-estimulação	contraestimulação
condroganóide	condroganoide	contra-estimulante	contraestimulante
condróide	condroide	contra-estimular	contraestimular
condromucóide	condromucoide	contra-estimulismo	contraestimulismo
conforóide	conforoide	contra-estimulista	contraestimulista
conóide	conoide	contra-estímulo	contraestímulo
conopléia	conopleia	contra-exemplo	contraexemplo
conquilióide	conquilioide	contra-extensão	contraextensão
consangüíneo	consanguíneo	contra-indicação	contraindicação
consangüinidade	consanguinidade	contra-indicado	contraindicado
conseqüência	consequência	contra-indicar	contraindicar
conseqüencial	consequencial	contra-informação	contrainformação
conseqüente	consequente	contra-inquérito	contrainquérito
conseqüentemente	consequentemente	contra-inteligência	contrainteligência
conta-de-pão	conta de pão	contra-interpelação	contrainterpelação
contas-de-enfiar-vinho	contas de enfiar vinho	contra-ofensiva	contraofensiva
contigüidade	contiguidade	contra-oitava	contraoitava
contra-assembléia	contra-assembleia	contra-ordem	contraordem
contra-eixo	contraeixo	contra-ordenar	contraordenar
contra-emboscada	contraemboscada	contra-rancho	contrarrancho
contra-emergente	contraemergente	contra-rapantes	contrarrapantes
contra-empeno	contraempeno	contra-reação	contrarreação
contra-erva	contraerva	contra-reforma	contrarreforma

ANTES	DEPOIS	ANTES	DEPOIS
contra-reformista	contrarreformista	co-participante	coparticipante
contra-regra	contrarregra	co-participar	coparticipar
contra-regragem	contrarregragem	co-partícipe	copartícipe
contra-regulador	contrarregulador	co-patrocinar	copatrocinar
contra-reparo	contrarreparo	co-piloto	copiloto
contra-réplica	contrarréplica	co-processador	coprocessador
contra-repto	contrarrepto	co-procurador	coprocurador
contra-resposta	contrarresposta	co-produção	coprodução
contra-retábulo	contrarretábulo	co-produtor	coprodutor
contra-revolta	contrarrevolta	co-produtos	coprodutos
contra-revolução	contrarrevolução	co-produzir	coproduzir
contra-revolucionar	contrarrevolucionar	co-promotor	copromotor
contra-revolucionário	contrarrevolucionário	co-propriedade	copropriedade
contra-roda	contrarroda	co-proprietário	coproprietário
contra-rolda	contrarrolda	co-protetor	coprotetor
contra-rotura	contrarrotura	coqueiro-bocaiúva	coqueiro-bocaiuva
contra-ruptura	contrarruptura	coqueluchóide	coqueluchoide
contra-safra	contrassafra	coracóide	coracoide
contra-seguro	contrasseguro	co-radical	corradical
contra-selar	contrasselar	coralóide	coraloide
contra-selo	contrasselo	corciréia	corcireia
contra-senha	contrassenha	corçôo	corçoo
contra-senso	contrassenso	corcoroca-boca-de-fogo	corcoroca boca de fogo
contra-significação	contrassignificação	corda-de-montes	corda de montes
contra-sinal	contrassinal	cor-de-abóbora	cor de abóbora
contra-soca	contrassoca	cor-de-burro-quando-foge	cor de burro quando foge
contra-sujeito	contrassujeito	cor-de-carne	cor de carne
co-opositor	coopositor	cor-de-pele	cor de pele
co-parceiro	coparceiro	co-ré	corré
co-participação	coparticipação	co-receptor	correceptor

ANTES	DEPOIS	ANTES	DEPOIS
co-redator	corredator	cosméia	cosmeia
co-redentor	corredentor	cosséia	cosseia
co-regência	corregência	costela-de-vaca	costela de vaca
co-regente	corregente	co-tangente	cotangente
coréia	coreia	cotilóide	cotiloide
coréico	coreico	cotréia	cotreia
co-responsabilidade	corresponsabilidade	co-tutela	cotutela
co-responsabilizar-se	corresponsabilizar-se	co-tutor	cotutor
co-responsável	corresponsável	co-utente	coutente
co-réu	corréu	couve-de-sabóia	couve-de-saboia
coriféia	corifeia	couve-de-sabóia-de-olhos-repolhudos	couve-de-saboia-de-olhos-repolhudos
corióide	corioide	cova-de-anjo	cova de anjo
corneano	corniano	cova-de-touro	cova de touro
coróia	coroia	côvado-de-veludo	côvado de veludo
coróide	coroide	cova-do-ladrão	cova do ladrão
coroideano	coroidiano	covas-de-mandioca	covas de mandioca
coroidéia	coroideia	co-vendedor	covendedor
coronóide	coronoide	co-vidente	covidente
co-roteirista	corroteirista	cranióide	cranioide
corpo-a-corpo	corpo a corpo	craniorréia	craniorreia
corpo-de-prova	corpo de prova	crassilíngüe	crassilíngue
corre-vai-di-lo	corre vai di-lo	credo-em-cruz	credo em cruz
cortada-do-mastro	cortada do mastro	credo-em-cruz!	credo em cruz!
corticóide	corticoide	creio-em-deus-padre	creio em deus padre
corticosteróide	corticosteroide	creio-em-deus-pai	creio em deus pai
corvéia	corveia	crepuncatéies	cré-puncateies
co-secante	cossecante	cretinóide	cretinoide
co-segurar	cossegurar	cricaritenóide	cricaritenoide
co-seguro	cosseguro	cricóide	cricoide
co-seno	cosseno	cricri	cri-cri
co-signatário	cossignatário	criminalóide	criminaloide

ANTES	DEPOIS	ANTES	DEPOIS
crinóide	crinoide	dacrióide	dacrioide
crioceróide	crioceroide	dacrorréia	dacrorreia
criptomenorréia	criptomenorreia	dacriorréico	dacriorreico
crisopéia	crisopeia	dactilóide	dactiloide
cristalóide	cristaloide	dactilozóide	dactilozoide
croceano	crociano	dafnéia	dafneia
cróia	croia	dança-de-rato	dança de rato
cronizóico	cronizoico	dança-de-santo-antônio	dança de santo antônio
crotalóide	crotaloide	dança-de-são-guido	dança de são guido
cruz-de-malta	cruz de malta	dança-de-são-vito	dança de são vito
ctenóide	ctenoide	daorséia	daorseia
cubitofalangeano	cubitofalangiano	dartóide	dartoide
cubóide	cuboide	data-de-pães	data de pães
cu-da-mãe-joana	cu da mãe joana	data-de-sal	data de sal
cu-de-aço	cu de aço	datilóide	datiloide
cu-de-boi	cu de boi	datilozóide	datilozoide
cu-de-cana	cu de cana	daucóide	daucoide
cu-de-ferro	cu de ferro	debilóide	debiloide
cu-de-judas	cu de judas	decanóico	decanoico
cu-de-mãe-joana	cu de mãe joana	dedal-de-repuxo	dedal de repuxo
cu-do-mundo	cu do mundo	déia	deia
cuféia	cufeia	delfinóide	delfinoide
cuiúba	cuiuba	delinqüência	delinquência
cujubibóia	cujubiboia	delinqüente	delinquente
cuneano	cuniano	delinqüescente	delinquescente
cururubóia	cururuboia	delinqüido	delinquido
cuspo-de-cuco	cuspo de cuco*	delinqüir	delinquir
cuspo-de-raposa	cuspo de raposa*	deliqüescência	deliquescência
cutimbóia	cutimboia	deliqüescente	deliquescente
dacrioblenorréia	dacrioblenorreia	deliqüescer	deliquescer

* Com hífen no VOLP, mas não se trata de bicho ou planta.

ANTES	DEPOIS	ANTES	DEPOIS
deltóide	deltoide	dialtéia	dialteia
demantóide	demantoide	diamantóide	diamantoide
demeléia	demeleia	dianfipnóico	dianfipnoico
dendróide	dendroide	diapnóico	diapnoico
dente-da-terra	dente da terra	diarréia	diarreia
dente-de-coelho	dente de coelho	diarréico	diarreico
dente-de-cão	dente de cão*	diazóico	diazoico
dente-de-cutia	dente de cutia	dicearquéia	dicearqueia
dente-de-escrava	dente de escrava	dicróico	dicroico
dente-de-leite	dente de leite	dictéia	dicteia
dente-de-lobo	dente de lobo	dictióide	dictioide
dente-de-ovo	dente de ovo	didelfóide	didelfoide
dente-de-serra	dente de serra	difteróide	difteroide
dentinóide	dentinoide	diméia	dimeia
dermatóide	dermatoide	dimetilobenzóico	dimetilobenzoico
dermatorréia	dermatorreia	dinheiro-de-raposa	dinheiro de raposa
dermóide	dermoide	dióico	dioico
desenjôo	desenjoo	dionéia	dioneia
desensangüentar	desensanguentar	diplóico	diploico
desentôo	desentoo	diplóide	diploide
desfreqüência	desfrequência	dipnóico	dipnoico
desfreqüentado	desfrequentado	disazóico	disazoico
desfreqüentar	desfrequentar	discóide	discoide
desmilingüido	desmilinguido	discursorréia	discursorreia
desmilingüir-se	desmilinguir-se	disecéia	diseceia
desmóide	desmoide	dismenorréia	dismenorreia
desoxirribonucléico	desoxirribonucleico	dismenorréico	dismenorreico
deus-me-livre	deus me livre	dispersóide	dispersoide
deus-nos-acuda	deus nos acuda	dispnéia	dispneia
dez-e-um	dez e um	dispnéico	dispneico
dia-a-dia	dia a dia	disse-me-disse	disse me disse

* Cravagem.

ANTES	DEPOIS	ANTES	DEPOIS
dixe-me-dixe-me	dixe me dixe me	dou-te-lo-vivo	dou-te-lo vivo
dize-tu-direi-eu	dize tu direi eu	doutor-de-raiz	doutor de raiz
diz-que-diz	diz que diz	dracontéia	dracanteia
diz-que-diz-que	diz que diz que	dragéia	drageia
diz-que-me-diz-que	diz que me diz que	dragontéia	dragonteia
doce-de-coco	doce de coco	driméia	drimeia
doce-de-pimenta	doce de pimenta	ducado-de-águia	ducado de águia
dociméia	docimeia	dulciaqüícola	dulciaquícola
docléia	docleia	dulcinéia	dulcineia
doctiloqüente	doctiloquente	duro-a-fogo	duro a fogo
dodonéia	dodoneia	ecóico	ecoico
doença-do-mundo	doença do mundo	ectozóico	ectozoico
doença-do-sono	doença do sono	eczematóide	eczematoide
dois-de-paus	dois de paus	edesséia	edesseia
dolicóide	dolicoide	efes-e-erres	efes e erres
dolopéia	dolopeia	efiréia	efireia
dombéia	dombeia	egéia	egeia
dona-de-casa	dona de casa	egóico	egoico
dongüenas	donguenas	eirabairo-dondóia	eirabairo-dondoia
dono-da-lei	dono da lei	elatinóide	elatinoide
dono-de-serra	dono de serra	eleense	eliense
donzela-de-candeeiro	donzela de candeeiro	elefantíase-dos-árabes	elefantíase dos árabes
dor-de-cabresto	dor de cabresto	elefantíase-dos-gregos	elefantíase dos gregos
dor-de-canela	dor de canela	elefantóide	elefantoide
dor-de-corno	dor de corno	eléia	eleia
dor-de-cotovelo	dor de cotovelo	eliméia	elimeia
dor-de-tortos	dor de tortos	elipsóide	elipsoide
doriléia	dorileia	eliséia	eliseia
dorotéia	doroteia	elisséia	elisseia
dou-che-lo-vivo	dou-che-lo vivo	elitroblenorréia	elitroblenorreia

ANTES	DEPOIS	ANTES	DEPOIS
elitróide	elitroide	eordéia	eordeia
elitrorréia	elitrorreia	epangüé	epangué
eloqüência	eloquência	epéia	epeia
eloqüente	eloquente	epiciclóide	epicicloide
eloqüentemente	eloquentemente	epicuréia	epicureia
embigo-de-freira	embigo de freira	epidafnéia	epidafneia
embrióide	embrioide	epidermóide	epidermoide
emprôo	emproo	epigéia	epigeia
emulsóide	emulsoide	epileptóide	epileptoide
encastôo	encastoo	epiplóico	epiploico
encefalóide	encefaloide	epiquéia	epiqueia
encefalorraqueano	encefalorraquiano	epirréia	epirreia
encontro-de-água	encontro de água	epistroféia	epistrofeia
encosto-de-gado	encosto de gado	epitelóide	epiteloide
endotelióide	endotelioide	epitoxóide	epitoxoide
endozóico	endozoico	epitrocleano	epitrocliano
enéide	eneide	epizóico	epizoico
enjôo	enjoo	epopéia	epopeia
enquitréia	enquitreia	epopéico	epopeico
ensangüentado	ensanguentado	equéia	equeia
ensangüentar	ensanguentar	eqüestre	equestre
entéia	enteia	eqüevo	equevo
enteromixorréia	enteromixorreia	aqüiangular	aquiangular
enterréia	enterreia	eqüiângulo	equiângulo
entrada-de-barra	entrada de barra	eqüicrural	equicrural
entra-e-sai	entra e sai	eqüidade	equidade
entra-na-música	entra na música	eqüídeo	equídeo
enxada-de-cavalo	enxada de cavalo	eqüidiferença	equidiferença
enxadréia	enxadreia	eqüidiferente	equidiferente
enxágüe	enxágue	eqüidilatado	equidilatado
enzimóide	enzimoide	eqüidistância	equidistância
eôo	eoo	eqüidistante	equidistante

ANTES	DEPOIS	ANTES	DEPOIS
eqüidistar	equidistar	eqüipolente	equipolente
eqüífero	equífero	eqüiponderação	equiponderação
eqüiforme	equiforme	eqüiponderância	equiponderância
eqüiglacial	equiglacial	eqüiponderante	equiponderante
eqüigranular	equigranular	eqüiponderar	equiponderar
eqüigranularidade	equigranularidade	eqüipotência	equipotência
eqüilateral	equilateral	eqüipotencial	equipotencial
eqüilátero	equilátero	eqüipotente	equipotente
eqüimolar	equimolar	eqüiprobabilismo	equiprobabilismo
eqüimolecular	equimolecular	eqüiprobabilista	equiprobabilista
eqüimolecularidade	equimolecularidade	eqüírias	equírias
eqüimultíplice	equimultíplice	eqüírios	equírios
eqüimúltiplo	equimúltiplo	eqüissetáceas	equissetáceas
equineano	equiniano	eqüissetíneas	equissetíneas
eqüinismo	equinismo	eqüísseto	equísseto
eqüino	equino	eqüissignificante	equissignificante
eqüinocultor	equinocultor	eqüissilabismo	equissilabismo
equinóide	equinoide	eqüíssimo	equíssimo
equinóides	equinoides	eqüissonância	equissonância
eqüinoterapia	equinoterapia	eqüissonante	equissonante
equióide	equioide	eqüissono	equissono
eqüiparência	equiparência	eqüitativamente	equitativamente
eqüiparente	equiparente	eqüitativo	equitativo
eqüipartição	equipartição	éqüite	équite
eqüípede	equípede	éqüiteína	équiteína
eqüipendência	equipendência	equiúro	equiuro
eqüipendente	equipendente	eqüivalência	equivalência
eqüipétalo	equipétalo	eqüivalente	equivalente
eqüipluvial	equipluvial	eqüivaler	equivaler
eqüipluviométrico	equipluviométrico	eqüivalve	equivalve
eqüipolado	equipolado	ericoidéias	ericoideias
eqüipolência	equipolência	erimantéia	erimanteia

ANTES	DEPOIS	ANTES	DEPOIS
erisipelatóide	erisipelatoide	esmintéia	esminteia
erisipelóide	erisipeloide	esmirnéia	esmirneia
eritéia	eriteia	espaléia	espaleia
eritemóide	eritemoide	espanopnéia	espanopneia
eritréia	eritreia	esparavão-boiúno	esparavão-boiuno
eritróide	eritroide	esparóides	esparoides
erucóide	erucoide	espato-da-islândia	espato da islândia
erva-toira-ensangüentada	erva-toira-ensanguentada	espato-de-islândia	espato de islândia
erva-touca-ensangüentada	erva-touca-ensanguentada	espato-de-magnésio	espato de magnésio
esborôo	esboroo	espato-de-manganês	espato de manganês
escachôo	escachoo	espeléia	espeleia
escafóide	escafoide	espelho-do-corte	espelho do corte
escamonéia	escamoneia	espermatorréia	espermatorreia
escarlatinóide	escarlatinoide	espermatorréico	espermatorreico
esclaréia	esclareia	espermatozóide	espermatozoide
escóico	escoico	espiréia	espireia
escóira	escoira	espírito-de-corpo	espírito de corpo
escolecóide	escolecoide	espírito-santo-de-orelha	espírito santo de orelha
escombróides	escombroides	espiróide	espiroide
escôo	escoo	esplenóide	esplenoide
escordióide	escordioide	esplenotifóide	esplenotifoide
escorpióide	escorpioide	espongióide	espongioide
escova-de-paisano	escova de paisano	espongóide	espongoide
escudo-de-brabante	escudo de brabante	esponjóide	esponjoide
escuma-do-mar	escuma do mar	esporozóide	esporozoide
esfenóide	esfenoide	espuma-do-mar	espuma do mar
esferóide	esferoide	esqueletopéia	esqueletopeia
esferopléia	esferopleia	esquenta-por-dentro	esquenta por dentro
esmeralda-do-brasil	esmeralda do brasil	esquimóide	esquimoide

ANTES	DEPOIS	ANTES	DEPOIS
esquistóide	esquistoide	etnolingüística	etnolinguística
esquizóide	esquizoide	etnolingüístico	etnolinguístico
esquizoparanóide	esquizoparanoide	etopéia	etopeia
estado-da-arte	estado da arte	eubéia	eubeia
estafilinóides	estafilinoides	eubóico	euboico
estalo-da-china	estalo da china	euíctos	euíctos
estaminóide	estaminoide	eunucóide	eunucoide
estearréia	estearreia	euplóide	euploide
esteatorréia	esteatorreia	eupnéia	eupneia
estenopéia	estenopeia	eupnéico	eupneico
estenopéico	estenopeico	eurióico	eurioico
esterco-de-trovão	esterco de trovão	euritréia	euritreia
esteróide	esteroide	européia	europeia
estilóide	estiloide	europóide	europoide
estóica	estoica	eutectóide	eutectoide
estóico	estoico	evéia	eveia
estratóide	estratoide	exeqüendo	exequendo
estratonicéia	estratoniceia	exeqüente	exequente
estréia	estreia	exeqüibilidade	exequibilidade
estrela-de-rabo	estrela de rabo	exeqüido	exequido
estrofóide	estrofoide	exeqüível	exequível
estróina	estroina	exigüidade	exiguidade
estrongilóide	estrongiloide	exigüificar	exiguificar
estrongilóides	estrongiloides	extra-econômico	extraeconômico
estuberéia	estubereia	extra-eleitoral	extraeleitoral
etanóico	etanoico	extra-empresa	extraempresa
etéia	eteia	extra-entérico	extraentérico
etiluréia	etilureia	extra-epifisário	extraepifisário
etmóide	etmoide	extra-escolar	extraescolar
etnéia	etneia	extra-escritório	extraescritório
etnodicéia	etnodiceia	extra-europeu	extraeuropeu
etnolingüista	etnolinguista	extra-institucional	extrainstitucional

ANTES	DEPOIS	ANTES	DEPOIS
extra-intestinal	extraintestinal	falaciloqüente	falaciloquente
extralingüístico	extralinguístico	falanéia	falaneia
extra-ocular	extraocular	falangeano	falangiano
extra-oficial	extraoficial	falantéia	falanteia
extra-oficialmente	extraoficialmente	falasarnéia	falasarneia
extra-oral	extraoral	falóide	faloide
extra-orbital	extraorbital	falsa-caribéia	falsa-caribeia
extra-orçamentário	extraorçamentário	fanéia	faneia
extra-orçamento	extraorçamento	fanerozóico	fanerozoico
extra-orgânico	extraorgânico	fangüeirada	fangueirada
extra-organizacional	extraorganizacional	fangüeiro	fangueiro
extra-ovular	extraovular	faréia	fareia
extra-regimental	extrarregimental	farmacopéia	farmacopeia
extra-regional	extrarregional	farmacopéico	farmacopeico
extra-regulamentar	extrarregulamentar	fascistóide	fascistoide
extra-regular	extrarregular	fasmóides	fasmoides
extra-renal	extrarrenal	fatéia	fateia
extra-retínico	extrarretínico	fatiloqüente	fatiloquente
extra-ringue	extrarringue	febéia	febeia
extra-sagital	extrassagital	fecalóide	fecaloide
extra-salarial	extrassalarial	feculóide	feculoide
extra-secular	extrassecular	feiúla	feiula
extra-sensorial	extrassensorial	feiúme	feiume
extra-sístole	extrassístole	feiúra	feiura
extra-sistólico	extrassistólico	feldspatóide	feldspatoide
extra-universitário	extrauniversitário	feléia	feleia
extra-urbano	extraurbano	feminóide	feminoide
extra-uterino	extrauterino	feréia	fereia
facanéia	facaneia	feróico	feroico
facóide	facoide	fibróide	fibroide
factóide	factoide	fibromatóide	fibromatoide
faetontéia	faetonteia	ficóide	ficoide
falaciloqüência	falaciloquência	filacéia	filaceia

ANTES	DEPOIS	ANTES	DEPOIS
filistéia	filisteia	fragüeiro	fragueiro
filóide	filoide	frango-de-botica	frango de botica
filotraquéia	filotraqueia	frango-de-leite	frango de leite
fimatóide	fimatoide	freqüência	frequência
fios-de-ovos, fios-d'ovos	fios de ovos, fios d'ovos*	freqüencímetro	frequencímetro
fisóide	fisoide	freqüentação	frequentação
fissilíngüe	fissilíngue	freqüentado	frequentado
fitóide	fitoide	freqüentador	frequentador
flavonóide	flavonoide	freqüentar	frequentar
flictenóide	flictenoide	freqüentativo	frequentativo
fliéia	flieia	freqüentável	frequentável
foguete-de-estrelas	foguete de estrelas	freqüente	frequente
foguete-de-fateixa	foguete de fateixa	freqüentemente	frequentemente
foguete-de-lágrimas	foguete de lágrimas	frevo-de-bloco	frevo de bloco
foguete-de-três-respostas	foguete de três respostas	frevo-de-rua	frevo de rua
fóia	foia	friséia	friseia
fóio	foio	frixéia	frixeia
fole-das-migas	fole das migas	fucóide	fucoide
folha-de-flandres	folha de flandres	fulano-dos-anzóis	fulano dos anzóis
folhos-de-sinhá	folhos de sinhá	fulano-dos-anzóis-carapuça	fulano dos anzóis carapuça
foliculóide	foliculoide	fulano-dos-grudes	fulano dos grudes
fora-da-estrada	fora da estrada	fumo-de-angola	fumo de angola
fora-da-lei	fora da lei	fumo-de-rolo	fumo de rolo
fora-de-jogo	fora de jogo	fumo-do-mato	fumo do mato
forde-de-bigode	forde de bigode	funarióides	funarioides
forróia	forroia	fundo-de-saco	fundo de saco
frade-de-pedra	frade de pedra	furcróia	furcroia
fradinho-da-mão-furada	fradinho da mão furada	fusóide	fusoide
fragüeirada	fragueirada	gadóides	gadoides

* Doce feito de ovos.

ANTES	DEPOIS	ANTES	DEPOIS
gaibéia	gaibeia	gencianóide	gencianoide
gaita-de-boca	gaita de boca	general-de-brigada	general de brigada
gaita-de-capador	gaita de capador	general-de-divisão	general de divisão
gaita-de-foles	gaita de foles	general-de-exército	general de exército
gaiúlo	gaiulo	geóide	geoide
gaiúta	gaiuta	gerânio-sangüíneo	gerânio-sanguíneo
galactóide	galactoide	gergeséia	gergeseia
galactorréia	galactorreia	germandréia	germandreia
galatéia	galateia	germe-da-fava	germe da fava
galiléia	galileia	gesso-de-paris	gesso de paris
galiléias	galileias	getéia	geteia
galipéia	galipeia	gigantéia	giganteia
galo-das-trevas	galo das trevas	gigantéia	giganteia
galo-do-relógio	galo do relógio	ginandróide	ginandroide
gamozóide	gamozoide	girréia	girreia
ganóides	ganoides	grapsóide	grapsoide
garatéia	garateia	glenóide	glenoide
gaspóia	gaspoia	globos-de-neve	globos de neve
gasterozóide	gasterozoide	glossóide	glossoide
gastrepiplóico	gastrepiploico	gnaissóide	gnaissoide
gastroblenorréia	gastroblenorreia	gneissóide	gneissoide
gastrorréia	gastrorreia	gobióide	gobioide
gastrorréico	gastrorreico	gogiaréia	gogiareia
gastrozóide	gastrozoide	gogóia	gogoia
gatéia	gateia	góia	goia
gato-com-botas	gato com botas	gomorréia	gomorreia
gato-de-botas	gato de botas	gonorréia	gonorreia
gebadéia	gebadeia	gonorréico	gonorreico
gelatinóide	gelatinoide	gordiéia	gordieia
geléia	geleia	gorilhóide	gorilhoide
gema-de-ovo	gema de ovo	grabéia	grabeia

Antes e depois da nova ortografia

ANTES	DEPOIS	ANTES	DEPOIS
grã-fino-de-porão	grã-fino de porão	hecatombéia	hecatombeia
grafióide	grafioide	helcóide	helcoide
graforréia	graforreia	heliantóides	heliantoides
graforréico	graforreico	helicóide	helicoide
grajéia	grajeia	helmintóide	helmintoide
grama-pêlo-de-urso	grama-pelo-de-urso	helóides	heloides
grandiloqüência	grandiloquência	hemaféico	hemafeico
grandiloqüente	grandiloquente	hematóide	hematoide
granitóide	granitoide	hemicoréia	hemicoreia
granjéia	granjeia	hemiesferóide	hemiesferoide
grão-de-ouvido	grão de ouvido	hemisfeóide	hemisfeoide
grãos-de-saúde	grãos de saúde	hemisferóide	hemisferoide
gratéia	grateia	hemitritéia	hemitriteia
grecóide	grecoide	hemóide	hemoide
gró-de-nápoles	gró de nápoles	hemoptóico	hemoptoico
grosso-de-nápoles	grosso de nápoles	hemorróida	hemorroida
guaraiúba	guaraiuba	hemorróidas	hemorroidas
guaraiúva	guaraiuva	hemorróides	hemorroides
guarda-jóias	guarda-joias	hepatorréia	hepatorreia
güé	gué	hepatorréico	hepatorreico
güeste	gueste	heqüeso	hequeso
güim! güim!	guim! guim!	heracléias	heracleias
guinéia	guineia	heróica	heroica
hacanéia	hacaneia	heróico	heroico
há-de-haver	há de haver	heróide	heroide
halóide	haloide	herôo	heroo
hamiréia	hamireia	hertiquéia	hertiqueia
haplodiplóide	haplodiploide	hetéia	heteia
haplóide	haploide	heteróico	heteroico
hauína	hauina	heteróide	heteroide
hebréia	hebreia	hexaplóide	hexaploide
hecatéia	hecateia	hialóide	hialoide

ANTES	DEPOIS	ANTES	DEPOIS
hidatóide	hidatoide	holoturióide	holoturioide
hidrocefalóide	hidrocefaloide	homalóide	homaloide
hidróide	hidroide	homem-a-homem	homem a homem
hidrooforia	hidro-oforia	homem-da-rua	homem da rua
hidrooligocitemia	hidro-oligocitemia	homem-de-palha	homem de palha
hidrorréia	hidrorreia	homens-de-falas	homens de falas
hidroxiuréia	hidroxiureia	homeozóico	homeozoico
hienóide	hienoide	homóica	homoica
hiléia	hileia	homóide	homoide
hilozóico	hilozoico	honras-de-miranda	honras de miranda
himenocondróide	himenocondroide	hostéia	hosteia
himenóide	himenoide	hotéia	hoteia
himenosteóide	himenosteoide	hotel-do-piolho	hotel do piolho
hióide	hioide	humanóide	humanoide
hipatéia	hipateia	humeano	humiano
hiperbolóide	hiperboloide	hunsriqueano	hunsriquiano
hiperecóico	hiperecoico	ibirizatéia	ibirizateia
hipereutectóide	hipereutectoide	icoróide	icoroide
hipereutetóide	hipereutetoide	icteróide	icteroide
hipermenorréia	hipermenorreia	ictióide	ictioide
hiperpnéia	hiperpneia	idas-e-vindas	idas e vindas
hiperpnéico	hiperpneico	idéia	ideia
hipnóide	hipnoide	idéia-mãe	ideia-mãe
hipociclóide	hipocicloide	idolopéia	idolopeia
hipoeutetóide	hipoeutetoide	iduméia	idumeia
hipofléia	hipofleia	igüenha	iguenha
hipopnéia	hipopneia	iliqüidez	iliquidez
hipozóico	hipozoico	ilíqüido	ilíquido
hipsilóide	hipsiloide	imbecilóide	imbeciloide
histerorréia	histerorreia	inconseqüência	inconsequência
histerorréico	histerorreico	inconseqüente	inconsequente
histórico-lingüístico	histórico-linguístico	inconseqüente-mente	inconsequente-mente

ANTES	DEPOIS	ANTES	DEPOIS
indigóide	indigoide	infreqüência	infrequência
ineloqüente	ineloquente	infreqüentado	infrequentado
ineqüiângulo	inequiângulo	infreqüentável	infrequentável
ineqüilateral	inequilateral	infreqüente	infrequente
ineqüípede	inequípede	infreqüentemente	infrequentemente
ineqüitativo	inequitativo	ingüento	inguento
ineqüivalve	inequivalve	iniqüícia	iniquícia
inês-da-horta	inês da horta	iniqüidade	iniquidade
inexeqüibilidade	inexequibilidade	intelectualóide	intelectualoide
inexeqüível	inexequível	interaçoreano	interaçoriano
infantilóide	infantiloide	intereuropéia	intereuropeia
inferno-e-paraíso	inferno e paraíso	interfalangeano	interfalangiano
ínfero-anterior	inferoanterior	interlingüística	interlinguística
ínfero-exterior	inferoexterior	interlingüístico	interlinguístico
ínfero-interior	inferointerior	intranqüilidade	intranquilidade
ínfero-lateral	inferolateral	intranqüilizador	intranquilizador
ínfero-posterior	inferoposterior	intranqüilizar	intranquilizar
ínfero-superior	inferossuperior	intranqüilo	intranquilo
ínfero-súpero	inferossúpero	intra-ocular	intraocular
infra-escapular	infraescapular	intra-oral	intraoral
infra-escavação	infraescavação	intra-orgânico	intraorgânico
infra-escrito	infraescrito	intra-organizacional	intraorganizacional
infra-espinhoso	infraespinhoso	intra-racial	intrarracial
infra-estrutura	infraestrutura	intra-raquidiano	intrarraquidiano
infra-estrutural	infraestrutural	intra-regional	intrarregional
infra-oitava	infraoitava	intra-setorial	intrassetorial
infra-orbitário	infraorbitário	intra-uterino	intrauterino
infra-renal	infrarrenal	intróito	introito
infra-som	infrassom	ipê-bóia	ipê-boia
infra-sônico	infrassônico	ipoméia	ipomeia
infra-umbilical	infraumbilical	ir-e-vir	ir e vir

ANTES	DEPOIS	ANTES	DEPOIS
irmão-da-opa	irmão da opa	joão-de-cordas	joão de cordas
irmão-de-leite	irmão de leite	joão-meia-dúzia	joão meia dúzia
irredargüível	irredarguível	jogo-da-velha	jogo da velha
irredargüivelmente	irredarguivelmente	jóia	joia
isséia	isseia	jóina	joina
itonéia	itoneia	juá-de-las-vinhas	juá de las vinhas
ituréia	itureia	jubéia	jubeia
jabutibóia	jabutiboia	juruparibóia	juruparaboia
jacobéia	jacobeia	justinianéia	justinianeia
já-da-cruz	já da cruz	labisgóia	labisgoia
já-de-la-foice	já de la foice	labreano	labriano
jaléia	jaleia	labróides	labroides
janauíra	janauira	lã-de-baixo	lã de baixo
janela-de-peitos	janela de peitos	lageano	lagiano
japiaçóia	japiaçoia	lajeano	lajiano
jaquiranabóia	jaquiranaboia	lambdóide	lambdoide
jaragüense	jaraguense	lambisgóia	lambisgoia
jaraiúba	jaraiuba	langóia	langoia
jaraiúva	jaraiuva	langróia	langroia
jardim-de-infância	jardim de infância	längüido	länguido
jardim-de-inverno	jardim de inverno	larisséia	larisseia
jebuséia	jebuseia	laseguéia	lasegueia
jequitiranabóia	jequitiranaboia	lava-a-jato	lava a jato
jerivá-sem-folha	jerivá sem folha	leão-de-chácara	leão de chácara
jetaiúva	jetaiuva	lebréia	lebreia
jetiranabóia	jetiranaboia	legalóide	legaloide
jibóia	jiboia	legislorréia	legislorreia
jibóia-vermelha	jiboia-vermelha	légua-da-póvoa	légua da póvoa
jiquitiranabóia	jiquitiranaboia	leite-de-soja	leite de soja
jitiranabóia	jitiranaboia	lemuróide	lemuroide
joão-da-cadeneta	joão da cadeneta	lenço-de-fivelas	lenço de fivelas
joão-da-cruz	joão da cruz	lenço-de-papel	lenço de papel

ANTES	DEPOIS	ANTES	DEPOIS
lengalenga	lenga-lenga	lingüiça	linguiça
lenqüência	lenquência	lingüice	linguice
lepóide	lepoide	lingüífero	linguífero
leréia	lereia	lingüiforme	linguiforme
lernéia	lerneia	lingüinha	linguinha
letéia	leteia	lingüipalatal	linguipalatal
leucóide	leucoide	lingüista	linguista
leucorréia	leucorreia	lingüística	linguística
leucorréico	leucorreico	lingüisticamente	linguisticamente
leucotóidas	leucotoidas	lingüístico	linguístico
leva-e-traz	leva e traz	lingüístico-literário	linguístico-literário
liberalóide	liberaloide	linnéia	linneia
libréia	libreia	linoléico	linoleico
librorréia	librorreia	lipatéia	lipareia
licor-dos-holandeses	licor dos holandeses	lipóide	lipoide
licor-dos-três-suspiros	licor dos três suspiros	lipoprotéico	lipoproteico
limão-de-cheiro	limão de cheiro	liqüefação	liquefação
linéia	lineia	liqüefato	liquefato
linfóide	linfoide	liqüefazer	liquefazer
língua-de-gato	língua de gato	liqüefeito	liquefeito
língua-de-mulato	língua de mulato	liquenóide	liquenoide
língua-de-oc	língua de oc	liqüescente	liquescente
língua-de-oil	língua de oil	liqüidação	liquidação
língua-de-sogra	língua de sogra	liqüidante	liquidante
língua-de-trapo	língua de trapo	liqüidar	liquidar
língua-de-trapos	língua de trapos	liqüidável	liquidável
lingüeirão	lingueirão	liqüidez	liquidez
lingüeirão-de-canudo	lingueirão-de-canudo	liqüidificador	liquidificador
lingüeta	lingueta	liqüidificar	liquidificar
lingüete	linguete	líqüido	líquido

ANTES	DEPOIS	ANTES	DEPOIS
lirióide	lirioide	mãe-da-seringueira	mãe da seringueira
litóide	litoide	mãe-de-balcão	mãe de balcão
lobo-do-mar	lobo do mar	mãe-de-criação	mãe de criação
logopéia	logopeia	mãe-de-família	mãe de família
logorréia	logorreia	mãe-de-famílias	mãe de famílias
logorréico	logorreico	mãe-de-ouro	mãe de ouro
lóia	loia	mãe-de-santo	mãe de santo
lóio	loio	mãe-de-terreiro	mãe de terreiro
lombricóide	lombricoide	mãe-do-corpo	mãe do corpo
longinqüidade	longinquidade	mãe-do-fogo	mãe do fogo
longüiça	longuiça	mãe-do-ouro	mãe do ouro
loqüela	loquela	mãe-do-rio	mãe do rio
loquirréia	loquirreia	magdaleano	magdaliano
loquirréico	loquirreico	magnetóide	magnetoide
lupóides	lupoides	magniloqüência	magniloquência
mabéia	mabeia	magniloqüente	magniloquente
mabóia	maboia	maior-de-todos	maior de todos
mabuingüiri	mabuinguiri	mais-que-tudo	mais que tudo
macaca-de-auditório	macaca de auditório	major-brigadeiro-do-ar	major-brigadeiro do ar
maçã-de-adão	maçã de adão	mala-sem-alça	mala sem alça
macléia	macleia	mal-com-cristo	mal com cristo
macrodelinqüência	macrodelinquência	mal-da-ave-maria	mal da ave-maria
macroorganismo	macro-organismo	mal-da-baía-de-são-paulo	mal da baía de são paulo
macropinacóide	macropinacoide	mal-da-nuca	mal da nuca
macropnéia	macropneia	mal-da-praia	mal da praia
macubéia	macubeia	mal-das-ancas	mal das ancas
madianéia	madianeia	mal-das-ensecadeiras	mal das ensecadeiras
madre-da-esmeralda	madre da esmeralda	mal-das-montanhas	mal das montanhas
mãe-d'agüense	mãe-d'aguense	mal-das-vinhas	mal das vinhas
mãe-da-mata	mãe da mata	mal-da-terra	mal da terra

ANTES	DEPOIS	ANTES	DEPOIS
mal-de-amores	mal de amores	mal-de-secar	mal de secar
mal-de-ano	mal de ano	mal-de-sete-couros	mal de sete couros
mal-de-barraca	mal de barraca	mal-de-sete-dias	mal de sete dias
mal-de-bicho	mal de bicho	mal-de-sigatoca	mal de sigatoca
mal-de-cadeiras	mal de cadeiras	mal-de-terra	mal de terra
mal-de-cernelha	mal de cernelha	mal-de-umbigo	mal de umbigo
mal-de-coito	mal de coito	mal-de-vaso	mal de vaso
mal-de-cuia	mal de cuia	mal-do-diagalves	mal do diagalves
mal-de-engasgo	mal de engasgo	mal-do-dorso	mal do dorso
mal-de-engasgue	mal de engasgue	mal-do-monte	mal do monte
mal-de-enjôo	mal de enjoo	mal-do-sangue	mal do sangue
mal-de-escancha	mal de escancha	mal-dos-aviadores	mal dos aviadores
mal-de-fígado	mal de fígado	mal-dos-cascos	mal dos cascos
mal-de-fiúme	mal de fiúme	mal-dos-chifres	mal dos chifres
mal-de-fora	mal de fora	mal-dos-cristãos	mal dos cristãos
mal-de-franga	mal de franga	mal-dos-mergulha-dores	mal dos mergulha-dores
mal-de-frenga	mal de frenga	mal-dos-peitos	mal dos peitos
mal-de-garupa	mal de garupa	mal-dos-quartos	mal dos quartos
mal-de-gota	mal de gota	mal-dos-sete-dias	mal dos sete dias
mal-de-holanda	mal de holanda	mal-do-veado	mal do veado
mal-de-lázaro	mal de lázaro	maléico	maleico
mal-de-luanda	mal de luanda	mal-e-mal	mal e mal
mal-de-madura	mal de madura	mama-de-mulher	mama de mulher
mal-de-monte	mal de monte	mamãe-de-aluana	mamãe de aluana
mal-de-sangria	mal de sangria	mamãe-de-luana	mamãe de luana
mal-de-santa-eufêmia	mal de santa eufêmia	mamãe-de-luanda	mamãe de luanda
mal-de-são-jó	mal de são jó	mamãe-e-papai	mamãe e papai
mal-de-são-lázaro	mal de são lázaro	mama-em-onça	mama em onça
mal-de-são-névio	mal de são névio	mama-na-égua	mama na égua
mal-de-são-semento	mal de são semento	mamas-de-aruana	mamas de aruana

ANTES	DEPOIS	ANTES	DEPOIS
managüense	managuense	mapa-do-brasil	mapa do brasil
manangüera	mananguera	marangóia	marangoia
manda-chuva	mandachuva	maravilha-do-sertão	maravilha do sertão
mandado-de-deus	mandado de deus	marca-de-judas	marca de judas
mandéia	mandeia	marco-de-colônia	marco de colônia
mandigüera	mandiguera	mar-de-almirante	mar de almirante
mané-do-jacá	mané do jacá	marechal-de-campo	marechal de campo
manengüera	manenguera	marechal-de-exérico	marechal de exéricto
manga-de-alpaca	manga de alpaca	marechal-do-ar	marechal do ar
manga-las-mangas	manga las mangas	maré-me-leva-maré-me-traz	maré me leva maré me traz
manganês-do-pantano	manganês do pantano	margaróide	margaroide
mangüeira	mangueira	maria-da-fonte	maria da fonte
maniquéia	maniqueia	maria-da-grade	maria da grade
manja-o-tempo	manja o tempo	maria-das-pernas-compridas	maria das pernas compridas
manta-de-bretão	manta de bretão	maria-de-borba	maria de borba
manta-de-gato	manta de gato	maria-vai-com-as-outras	maria vai com as outras
mão-de-barca	mão de barca	marigüi	marigui
mão-de-cabelo	mão de cabelo	maronéia	maroneia
mão-de-ferro	mão de ferro	masdéia	masdeia
mão-de-finado	mão de finado	maséia	maseia
mão-de-gato	mão de gato*	massa-de-frei-cosme	massa de frei cosme
mão-de-judas	mão de judas	mastodontóide	mastodontoide
mão-de-leitão	mão de leitão	mastóide	mastoide
mão-de-mulita	mão de mulita	matóide	matoide
mão-de-obra	mão de obra	matraca-da-quaresma	matraca da quaresma
mão-de-padre	mão de padre	matuta-e-meia	matuta e meia
mão-de-vaca	mão de vaca	mazéia	mazeia

* Cosmético avermelhado.

ANTES	DEPOIS	ANTES	DEPOIS
meadinha-de-oiro	meadinha de oiro	mestre-de-campo	mestre de campo
meadinha-de-ouro	meadinha de ouro	mestre-de-capela	mestre de capela
medorréia	medorreia	mestre-de-cerimônias	mestre de cerimônias
meduséia	meduseia	mestre-de-dança	mestre de dança
medusóide	medusoide	mestre-de-obras	mestre de obras
meia-lua-de-compasso	meia-lua de compasso	mestre-de-velas	mestre de velas
meio-de-campo	meio de campo	metalingüístico	metalinguístico
meio-vôo	meio-voo	metalóide	metaloide
melanorréia	melanorreia	metazóico	metazoico
melolontóide	melolontoide	meteoróide	meteoroide
melopéia	melopeia	metimnéia	metimneia
membóia-xió	memboia-xió	metremorróides	metremorroides
menéia	meneia	metrorréia	metrorreia
menina-dos-olhos	menina dos olhos	metrorréico	metrorreico
meningorréia	meningorreia	mezéia	mezeia
meningorréico	meningorreico	miada-sem-costa	miada sem costa
menipéia	menipeia	micetóide	micetoide
meniscóide	meniscoide	microonda	micro-onda
menispermóides	menispermoides	microondas	micro-ondas
menorréia	menorreia	microorganismo	micro-organismo*
menorréico	menorreico	midéia	mideia
mesa-de-cabeceira	mesa de cabeceira	mielóide	mieloide
mesa-de-campo	mesa de campo	milaséia	milaseia
mesa-de-rendas	mesa de rendas	mil-e-cem	mil e cem
mesinha-de-cabeceira	mesinha de cabeceira	milóide	miloide
mesogléia	mesogleia	mimo-no-caco	mimo no caco
mesozóico	mesozoico	mineiro-com-botas	mineiro com botas
mestre-de-açúcar	mestre de açúcar	mineralóide	mineraloide
mestre-de-armas	mestre de armas	mingau-das-almas	mingau das almas

* A forma microrganismo se mantém.

ANTES	DEPOIS	ANTES	DEPOIS
mióide	mioide	moréia-comum	moreia-comum
mirtóide	mirtoide	morféia	morfeia
misonéico	misoneico	morféico	morfeico
missa-do-galo	missa do galo	morfóide	morfoide
mistilingüe	mistilingue	morto-e-vivo	morto e vivo
mitilenéia	mitileneia	morulóide	moruloide
mitilóide	mitiloide	mosca-de-milão	mosca de milão
mixinóides	mixinoides	mucóide	mucoide
mixóide	mixoide	mugilóides	mugiloides
mizéia	mizeia	muiúna	muiuna
mocréia	mocreia	mujíngüe	mujíngue
móina	moina	mula-de-padre	mula de padre
moleque-de-assentar	moleque de assentar	mula-sem-cabeça	mula sem cabeça
moleque-do-surrão	moleque do surrão	mulher-da-rua	mulher da rua
molibdóide	molibdoide	mulóide	muloide
molóide	moloide	multiinstrumentista	multi-instrumentista
molongó-de-colher	molongó de colher	multilíngüe	multilíngue
moluscóides	moluscoides	multilingüismo	multilinguismo
mongolóide	mongoloide	multilingüístico	multilinguístico
monóico	monoico	munheca-de-samambaia	munheca de samambaia
monóide	monoide	muricéia	muriceia
monóilo	monoilo	muscóide	muscoide
monolíngüe	monolíngue	mutabéia	mutabeia
monolingüismo	monolinguismo	nabatéia	nabateia
monoplóide	monoploide	naftóico	naftoico
monotéico	monoteico	nancéico	nanceico
monozóico	monozoico	nancibéia	nancibeia
montéia	monteia	nangombéia-alungo	nangombeia-alungo
morde-e-assopra	morde e assopra	não-agressão	não agressão
moréia	moreia	não-alinhado	não alinhado

ANTES	DEPOIS	ANTES	DEPOIS
não-apoiado	não apoiado	naumaquéia	naumaqueia
não-beligerância	não beligerância	nautilóide	nautiloide
não-conformismo	não conformismo	nazaréia	nazareia
não-conformista	não conformista	nazistóide	nazistoide
não-engajado	não engajado	neandertalóide	neandertaloide
não-engajamento	não engajamento	nectozóide	nectozoide
não-euclidiano	não euclidiano	nefelóide	nefeloide
não-execução	não execução	nefróide	nefroide
não-existência	não existência	nefrotrombóide	nefrotromboide
não-existente	não existente	negra-de-pote	negra de pote
não-filha	não filha	negro-de-espanha	negro de espanha
não filho	não filho	negro-de-ferro	negro de ferro
não-fumante	não fumante	negro-de-fumo	negro de fumo
não-governamental	não governamental	negro-de-gás	negro de gás
não-intervenção	não intervenção	negro-de-lâmpada	negro de lâmpada
não-operacional	não operacional	negro-de-marfim	negro de marfim
não-presta	não presta	negróide	negroide
não-sei-o-quê	não sei o quê	nematóide	nematoide
não-sei-que-diga	não sei que diga	neméia	nemeia
não-ser	não ser	neo-alagoano	neoalagoano
não-te-rales	não te rales	neo-aliancense	neoaliancense
não-verbal	não verbal	neo-armênico	neoarmênico
não-violência	não violência	neo-aurorense	neoaurorense
napéia	napeia	neo-erense	neoerense
napéias	napeias	neo-escocês	neoescocês
narcisóide	narcisoide	neo-escolástica	neoescolástica
nariz-de-bico	nariz de bico	neo-escolasticismo	neoescolasticismo
nariz-de-burro	nariz de burro	neo-escolástico	neoescolástico
nariz-de-cera	nariz de cera	neo-esperancense	neoesperancense
nariz-de-ferro	nariz de ferro	neo-estoicismo	neoestoicismo
nariz-de-folha	nariz de folha	neo-estóico	neoestoico
nasoréia	nasoreia	neo-europeu	neoeuropeu

ANTES	DEPOIS	ANTES	DEPOIS
neo-evolucionismo	neoevolucionismo	ninho-de-andorinha	ninho de andorinha
neo-evolucionista	neoevolucionista	niséia	niseia
neogéia	neogeia	niueano	niuiano
neo-iguaçuense	neoiguaçuense	nó-da-garganta	nó da garganta
neo-impressionismo	neoimpressionismo	nó-da-tripa	nó da tripa
neo-impressionista	neoimpressionista	nó-de-adão	nó de adão
neo-inglês	neoinglês	nome-do-padre	nome do padre
neo-iorquino	neoiorquino	nomorréia	nomorreia
neo-irlandês	neoirlandês	nonanóico	nonanoico
neolingüista	neolinguista	nó-nas-tripas	nó nas tripas
neo-realismo	neorrealismo	nove-por-seis	nove por seis
neo-realista	neorrealista	nubéia	nubeia
neo-república	neorrepública	nucléico	nucleico
neo-republicanismo	nerorrepublicanismo	obliqüidade	obliquidade
neo-republicano	neorrepublicano	obovóide	obovoide
neo-resendense	neorresendense	obseqüente	obsequente
neo-romano	neorromano	obtusilíngüe	obtusilíngue
neo-russense	neorrussense	ocotéia	ocoteia
neo-santarenense	neossantarenense	ocraléia	ocraleia
neo-serranense	neosserranense	octóico	octoico
neo-sourense	neossourense	octolingüe	octolingue
neozóico	neozoico	octoplóide	octoploide
neqüícia	nequícia	odisséia	odisseia
neséia	neseia	odisséico	odisseico
neurolingüista	neurolinguista	odontóide	odontoide
neurolingüística	neurolinguística	oficial-de-defunto	oficial de defunto
neurolingüístico	neurolinguístico	ofióide	ofioide
nicaragüense	nicaraguense	ofiurinéias	ofiurineias
ninféia	ninfeia	ofiuróide	ofiuroide
ninfóide	ninfoide	ofiuróides	ofiuroides

ANTES	DEPOIS	ANTES	DEPOIS
oftalmoblenorréia	oftalmoblenorreia	olho-de-seca-pimenta	olho de seca pimenta
oftalmoblenorréico	oftalmoblenorreico	olho-de-secar-pimenta	olho de secar pimenta
oftalmopiorréia	oftalmopiorreia	olho-de-sogra	olho de sogra
oftalmopiorréico	oftalmopiorreico	olho-de-tigre	olho de tigre
oftalmorréia	oftalmorreia	olhos-d'agüense	olhos-d'aguense
oftalmorréico	oftalmorreico	olhos-de-caranguejo	olhos de caranguejo
ogum-da-pedra-branca	ogum da pedra branca	oligopnéia	oligopneia
ogum-da-pedra-preta	ogum da pedra preta	oligopnéico	oligopneico
ogum-de-ronda	ogum de ronda	omatopléia	omatopleia
ogum-do-cariri	ogum do cariri	omnilíngüe	omnilíngue
-óico	-oico	omóide	omoide
-óide	-oide	onça-da-mão-torta	onça da mão torta
oitava-de-final	oitava de final	onça-pé-de-boi	onça pé de boi
oiticoróia	oiticoroia	onfalorréia	onfalorreia
oléico	oleico	onfalorréico	onfalorreico
olho-d'agüense	olho-d'aguense	onilíngüe	onilíngue
olho-de-água	olho de água	onomatopéia	onomatopeia
olho-de-bode	olho de bode	onomatopéico	onomatopeico
olho-de-boi	olho de boi	ootocóide	ootocoide
olho-de-cabra	olho de cabra	opióide	opioide
olho-de-cobra	olho de cobra	orbitóide	orbitoide
olho-de-falcão	olho de falcão	oréia	oreia
olho-de-gato	olho de gato	orelhas-de-abade	orelhas de abade
olho-de-lince	olho de lince	oreopanacéia	oreopanaceia
olho-de-matar-pinto	olho de matar pinto	orféico	orfeico
olho-de-mosquito	olho de mosquito	orfnéia	orfneia
olho-de-peixe	olho de peixe	organóide	organoide
olho-de-sapiranga	olho de sapiranga	ornitóide	ornitoide
olho-de-sapo	olho de sapo	oroféia	orofeia

ANTES	DEPOIS	ANTES	DEPOIS
orquicoréia	orquicoreia	oxiidrocefalia	oxi-hidrocefalia
orquicoréico	orquicoreico	oxiidrocefálico	oxi-hidrocefálico
ortocoréia	ortocoreia	oximaléico	oximaleico
ortocoréico	ortocoreico	oximetilbenzóico	oximetilbenzoico
ortopinacóide	ortopinacoide	oxinaftóico	oxinaftoico
ortopnéia	ortopneia	ozuéia	ozueia
ortopnóico	ortopnoico	pá-da-borda	pá da borda
ortopteróide	ortopteroide	pá-de-cavalo	pá de cavalo
ortoxibenzóico	ortoxibenzoico	padéia	padeia
osso-de-cavalo	osso de cavalo	pagüim	paguim
osso-do-cavalo	osso do cavalo	pai-das-queixas	pai das queixas
osso-do-pai-joão	osso do pai joão	pai-de-chiqueiro	pai de chiqueiro
osso-do-vintém	osso do vintém	pai-de-família	pai de família
osteocistóide	osteocistoide	pai-de-famílias	pai de famílias
osteóide	osteoide	pai-de-lote	pai de lote
ostra-européia	ostra-europeia	pai-de-malhada	pai de malhada
otopiorréia	otopiorreia	pai-de-santo	pai de santo
otopiorréico	otopiorreico	pai-de-terreiro	pai de terreiro
otorréia	otorreia	pai-de-todos	pai de todos
otorréico	otorreico	pai-de-velhacos	pai de velhacos
otrionéia	otrioneia	pai-do-céu	pai do céu
ouro-de-gato	ouro de gato	pai-dos-burros	pai dos burros
ouro-de-pão	ouro de pão	pai-dos-filhos	pai dos filhos
ovalóide	ovaloide	palanque-de-banhado	palanque de banhado
ovo-de-cheiro	ovo de cheiro	paleoniscóide	paleoniscoide
ovo-de-peru	ovo de peru	paleozóico	paleozoico
ovo-de-pombo	ovo de pombo	palha-de-abade	palha de abade
ovóide	ovoide	palha-de-arroz	palha de arroz
ovomucóide	ovomucoide	palha-de-frade	palha de frade
oxiazóico	oxiazoico	palmeira-do-óleo	palmeira do óleo
oxibenzóico	oxibenzoico	palpos-de-aranha	palpos de aranha

ANTES	DEPOIS	ANTES	DEPOIS
pampeano	pampiano	paranéia	paraneia
panacéia	panaceia	paranéico	paraneico
panatenéias	panateneias	paranóia	paranoia
pangéia	pangeia	paranóico	paranoico
panóia	panoia	paranóide	paranoide
panticapéia	panticapeia	parapetalóide	parapetaloide
papai-e-mamãe	papai e mamãe	pára-quedas	paraquedas
papa-la-berça	papa la berça	pára-quedismo	paraquedismo
paparróia	paparroia	pára-quedista	paraquedista
p-a-pa-santa-justa	p a pa santa justa	pára-raios	para-raios
papo-de-almíscar	papo de almíscar	para-religioso	pararreligioso
papo-de-anjo	papo de anjo	parasitóide	parasitoide
papo-de-pomba	papo de pomba	pára-sol	para-sol
papo-la-berça	papo la berça	pára-sol-da-china	para-sol-da-china
papos-de-anjo	papos de anjo	paratifóide	paratifoide
papos-de-aranha	papos de aranha	parauacubóia	parauacuboia
pára	para	pára-vento	para-vento
pára-	para-	pares-e-nones	pares e nones
pára-água	para-água	pariambóide	pariamboide
paraambóia	paraamboia	par-ou-ímpar	par ou ímpar
parabolóide	paraboloide	par-ou-pernão	par ou pernão
pára-brisa	para-brisa	partenopéia	partenopeia
pára-brisas	para-brisas	passarinho-a-olhar	passarinho a olhar
pára-centelhas	para-centelhas	passarinho-à-orelha	passarinho à orelha
pára-chispas	para-chispas	pasta-de-paris	pasta de paris
pára-choque	para-choque	pataqüera	pataquera
pára-choques	para-choques	pataréia	patareia
pára-lama	para-lama	patopéia	patopeia
paralingüistico	paralinguistico	patuléia	patuleia
pára-luz	para-luz	pau-a-pique	pau a pique
paramaléico	paramaleico	pau-bóia	pau-boia
pára-mentes!	para-mentes!	pau-da-borda	pau da borda

ANTES	DEPOIS	ANTES	DEPOIS
pau-da-buja	pau da buja	pau-de-vassoura	pau de vassoura
pau-da-bujarrona	pau da bujarrona	pau-de-virar-tripa	pau de virar tripa
pau-da-cumeeira	pau da cumeeira	pau-de-virar-tripas	pau de virar tripas
pau-da-fumaça	pau da fumaça	pau-do-ar	pau do ar
pau-da-giba	pau da giba	pau-do-fim	pau do fim
pau-das-costas	pau das costas	pau-jibóia	pau-jiboia
pau-das-donzelas	pau das donzelas	paulicéia	pauliceia
pau-de-amarrar-égua	pau de amarrar égua	pau-para-toda-obra	pau para toda obra
pau-de-arara	pau de arara	paz-de-alma	paz de alma
pau-de-arrasto	pau de arrasto	pecioleano	pecioliano
pau-de-atracação	pau de atracação	pé-de-alferes	pé de alferes
pau-de-avesseiro	pau de avesseiro	pé-de-altar	pé de altar
pau-de-bico	pau de bico	pé-de-amigo	pé de amigo
pau-de-bóia	pau-de-boia	pé-de-ângulo	pé de ângulo
pau-de-botões	pau de botões	pé-de-anjo	pé de anjo
pau-de-cabeleira	pau de cabeleira	pé-de-atleta	pé de atleta
pau-de-cabra	pau de cabra	pé-de-boi	pé de boi
pau-de-cumeeira	pau de cumeeira	pé-de-branco	pé de branco
pau-de-escrever	pau de escrever	pé-de-cabra	pé de cabra
pau-de-espera	pau de espera	pé-de-cana	pé de cana
pau-de-fileira	pau de fileira	pé-de-candeeiro	pé de candeeiro
pau-de-fogo	pau de fogo	pe-de-carneiro	pe de carneiro
pau-de-forrar	pau de forrar	pé-de-chibau	pé de chibau
pau-de-fósforo	pau de fósforo	pé-de-chinelo	pé de chinelo
pau-de-fumaça	pau de fumaça	pé-de-chumbo	pé de chumbo
pau-de-fumo	pau de fumo	pé-de-craveiro	pé de craveiro
pau-de-pica-peixe	pau de pica-peixe	pé-de-galinha	pé de galinha
pau-de-sebo	pau de sebo	pé-de-galo	pé de galo
pau-de-serviola	pau de serviola	pé-de-grade	pé de grade
pau-de-surriola	pau de surriola	pé-de-lebre	pé de lebre
pau-de-vassoira	pau de vassoira	pé-de-madura	pé de madura

ANTES	DEPOIS	ANTES	DEPOIS
pé-de-moleque	pé de moleque	pedra-do-picuá	pedra do picuá
pé-de-obra	pé de obra	pedra-do-santo	pedra do santo
pé-de-ouvido	pé de ouvido	pedra-do-sol	pedra do sol
pé-de-parede	pé de parede	pedrinha-na-boca	pedrinha na boca
pé-de-pato	pé de pato	pegamóide	pegamoide
pé-de-peia	pé de peia	pega-pra-capar	pega pra capar
pé-de-poeira	pé de poeira	pegmatóide	pegmatoide
pé-de-trincheira	pé de trincheira	peito-de-canga	peito de canga
pé-de-valsa	pé de valsa	peito-de-forno	peito de forno
pé-de-vento	pé de vento	peito-de-morte	peito de morte
pedra-da-lua	pedra da lua	peito-de-vênus	peito de vênus
pedra-das-amazonas	pedra das amazonas	péla	pela
pedra-de-águia	pedra de águia	péla-porco	pela-porco
pedra-de-amolar	pedra de amolar	pelecóide	pelecoide
pedra-de-andorinha	pedra de andorinha	pele-de-banha	pele de banha
pedra-de-anil	pedra de anil	pele-de-lixa	pele de lixa
pedra-de-bronze	pedra de bronze	pele-de-sapo	pele de sapo
pedra-de-cevar	pedra de cevar	pele-de-vinho	pele de vinho
pedra-de-cobra	pedra de cobra	pele-do-diabo	pele do diabo
pedra-de-cruz	pedra de cruz	peleneia	peleneia
pedra-de-ferir	pedra de ferir	pêlo	pelo
pedra-de-fogo	pedra de fogo	pêlo-de-urso	pelo-de-urso
pedra-de-fuzil	pedra de fuzil	pelopéias	pelopeias
pedra-de-goa	pedra de goa	peltóide	peltoide
pedra-de-judeu	pedra de judeu	pé-na-cova	pé na cova
pedra-de-lagar	pedra de lagar	penéia	peneia
pedra-de-raio	pedra de raio	penfigóide	penfigoide
pedra-de-sabão	pedra de sabão	pé-no-chão	pé no chão
pedra-de-sangue	pedra de sangue	pentacrinóides	pentacrinoides
pedra-de-santana	pedra de santana	pente-dos-bichos	pente dos bichos
pedra-de-veado	pedra de veado	péra	pera

ANTES	DEPOIS	ANTES	DEPOIS
perangüeira	perangueira	pinitóide	pinitoide
percóides	percoides	pinóia	pinoia
pereano	periano	pinóio	pinoio
pergaméia	pergameia	pinto-de-balseira	pinto de balseira
pericarpióide	pericarpioide	pióide	pioide
periostéico	periosteico	piolho-de-cobra	piolho de cobra
perna-de-pau	perna de pau	piorréia	piorreia
perna-de-serra	perna de serra	piorréico	piorreico
perna-de-xis	perna de xis	pirambóia	piramboia
perséia	perseia	piraqüera	piraquera
peru-de-festa	peru de festa	pirarucubóia	pirarucuboia
pés-de-lebre	pés de lebre	piréia	pireia
pés-e-pêlo	pés e pelo	pirenóide	pirenoide
petalóide	petaloide	piróide	piroide
petréia	petreia	piséia	piseia
peucaléia	peucaleia	pitecantropóide	pitecantropoide
peucanéia	peucaneia	pitecóide	pitecoide
pez-de-hulha	pez de hulha	pitimbóia	pitimboia
pezizóide	pezizoide	placóide	placoide
picoléia	picoleia	planetóide	planetoide
pidnéia	pidneia	platanóide	platanoide
pigméia	pigmeia	platéia	plateia
pilóia	piloia	platinóide	platinoide
pilóira	piloira	plebéia	plebeia
pimelorréia	pimelorreia	pleurorréia	pleurorreia
pimpléia	pimpleia	pleurorréico	pleurorreico
pinacóide	pinacoide	pleurortopnéia	pleurortopneia
pincha-no-crivo	pincha no crivo	pleurortopnéico	pleurortopneico
pindapóia	pindapoia	pleurotifóide	pleurotifoide
pingodagüense	pingodaguense	plurilíngüe	plurilíngue
pingüim	pinguim	pneumorréia	pneumorreia
pinheiro-aiacauíte	pinheiro-aiacauite	pneumorréico	pneumorreico

ANTES	DEPOIS	ANTES	DEPOIS
pneumotifóide	pneumotifoide	porta-jóias	porta-joias
pó-da-china	pó da china	póstero-dorsal	posterodorsal
pó-de-arroz	pó de arroz	póstero-exterior	posteroexterior
pó-de-pedra	pó de pedra	póstero-externo	posteroexterno
pó-de-píretro	pó de píretro	póstero-inferior	posteroinferior
pó-de-sapato	pó de sapato	póstero-interno	posterointerno
pó-de-serra	pó de serra	póstero-palatal	posteropalatal
polaróide	polaroide	póstero-raquidiano	posterorraquidiano
poliantéia	polianteia	póstero-superior	posterossuperior
poliantéico	polianteico	pote-da-graxa	pote da graxa
policróico	policroico	potéia	poteia
poliplóide	poliploide	potentéia	potenteia
polipnéia	polipneia	potiragüense	potiraguense
polipnéico	polipneico	potréia	potreia
polipóide	polipoide	praceano	praciano
politéico	politeico	prasóide	prasoide
politicóide	politicoide	pré-estréia	pré-estreia
polizóico	polizoico	prestoéia	prestoeia
pólo	polo	preto-e-branco	preto e branco
pombo-sem-asa	pombo sem asa	priestléia	priestleia
pomo-de-adão	pomo de adão	primavera-de-flores	primavera de flores
ponto-de-admiração	ponto de admiração	primeiro-tenente-aviador	primeiro-tenente aviador
ponto-de-exclamação	ponto de exclamação	prismatóide	prismatoide
ponto-de-interrogação	ponto de interrogação	prismóide	prismoide
porceiro-do-covo	porceiro do covo	procoracóide	procoracoide
porco-sujo	porco sujo	proctorréia	proctorreia
porfiróide	porfiroide	proctorréico	proctorreico
pornéia	porneia	prometéico	prometeico
porta-a-porta	porta a porta	propanóico	propanoico
porta-da-vila	porta da vila	propinqüidade	propinquidade

ANTES	DEPOIS	ANTES	DEPOIS
proseana	prosiana	pseudo-arcaísmo	pseudoarcaísmo
prosopopéia	prosopopeia	pseudo-astático	pseudoastático
prostatorréia	prostatorreia	pseudodracontéia	pseudodraconteia
prostatorréico	prostatorreico	pseudo-escorpião	pseudoescorpião
protéico	proteico	pseudo-escorpionídeos	pseudoescorpionídeos
proterozóico	proterozoico	pseudo-esfera	pseudoesfera
proto-alveitar	protoalveitar	pseudo-esférico	pseudoesférico
proto-ariano	protoariano	pseudo-espiga	pseudoespiga
proto-espatário	protoespatário	pseudo-esteatita	pseudoesteatita
proto-evangelho	protoevangelho	pseudo-etimológico	pseudoetimológico
proto-indo-europeu	protoindo-europeu	pseudo-eufêmico	pseudoeufêmico
proto-renascenca	protorrenascenca	pseudo-eufemismo	pseudoeufemismo
proto-renascimento	protorrenascimento	pseudo-reação	pseudorreação
proto-revolução	protorrevolução	pseudo-revelação	pseudorrevelação
proto-revolucionário	protorrevolucionário	pseudo-sábio	pseudossábio
proto-romântico	protorromântico	pseudo-safira	pseudossafira
proto-romantismo	protorromantismo	pseudo-sarcocele	pseudossarcocele
proto-romboédrico	protorromboédrico	pseudo-serosa	pseudosserosa
proto-romboedro	protorromboedro	pseudo-sífilis	pseudossífilis
proto-sal	protossal	pseudo-trocóide	pseudo-trocoide
proto-sincelo	protossincelo	psicóide	psicoide
proto-sulfeto	protossulfeto	psicolingüista	psicolinguista
proto-sulfureto	protossulfureto	psicolingüística	psicolinguística
protoxóide	protoxoide	psicolingüístico	psicolinguístico
protozóide	protozoide	pteléia	pteleia
prozóico	prozoico	pterigóide	pterigoide
pseudo-andaluzita	pseudoandaluzita	pteróide	pteroide
pseudo-anônimo	pseudoanônimo	puréia	pureia
pseudo-apóstolo	pseudoapóstolo	purréico	purreico

ANTES	DEPOIS	ANTES	DEPOIS
putréia	putreia	qüercetamida	quercetamida
puxão-de-orelha	puxão de orelha	qüercético	quercético
quadrilíngüe	quadrilíngue	qüercetina	quercetina
quadro-a-quadro	quadro a quadro	qüercícola	quercícola
quadro-de-calçar	quadro de calçar	qüercina	quercina
quadro-de-feltro	quadro de feltro	qüercíneas	quercíneas
quadro-de-giz	quadro de giz	qüercíneo	quercíneo
quapóia	quapoia	qüercitânico	quercitânico
quarta-de-final	quarta de final	qüercitanino	quercitanino
quarto-de-milha	quarto de milha	qüercite	quercite
quarto-e-sala	quarto e sala	qüercitrina	quercitrina
quase-contrato	quase contrato	qüerco	querco
quase-crime	quase crime	qüerdapanim	querdapanim
quase-delito	quase delito	qüerereca	querereca
quase-equilíbrio	quase equilíbrio	qüerqüetulano	querquetulano
quase-posse	quase posse	qüerudo	querudo
queda-de-asa	queda de asa	qüestão	questão
queda-de-braço	queda de braço	qüibas	quibas
queda-de-quatro	queda de quatro	qüidam	quidam
queda-de-rim	queda de rim	qüididade	quididade
queijinho-do-céu	queijinho do céu	qüiditativo	quiditativo
queijo-de-minas	queijo de minas	qüindecágono	quindecágono
queijo-de-ovos	queijo de ovos	qüindecênviro	quindecênviro
queijo-do-reino	queijo do reino	qüindênio	quindênio
queimador-de-campo	queimador de campo	qüingentaria	quingentaria
quelóide	queloide	qüingentário	quingentário
quelonióide	quelonioide	qüingentésimo	quingentésimo
quem-te-pesa	quem te pesa	quinoléico	quinoleico
que-pau-é-este	que pau é este	qüinquagenário	quinquagenário
qüera	quera	qüinquagésimo	quinquagésimo
qüercetagina	quercetagina	qüinqüe..	quinque..

112 ∞ A Nova Ortografia sem mistério

ANTES	DEPOIS	ANTES	DEPOIS
qüinqüecagular	quinquecagular	qüinqüi	quinqui
qüinqüecapsular	quinquecapsular	qüinqüídio	quinquídio
qüinqüecelular	quinquecelular	qüinqüifido	quinquifido
qüinqüedentado	quinquedentado	qüiproquar	quiproquar
qüinqüedigitado	quinquedigitado	qüiproquó	quiproquó
qüinqüéfido	quinquéfido	qüirite	quirite
qüinqüefoliado	quinquefoliado	rabdóide	rabdoide
qüinqüefólio	quinquefólio	rabo-de-andorinha	rabo de andorinha
qüinqüefore	quinquefore	rabo-de-arraia	rabo de arraia
qüinqüegenciano	quinquegenciano	rabo-de-caldeira	rabo de caldeira
qüinqüejugo	quinquejugo	rabo-de-cavalo	rabo de cavalo
qüinqüelingue	quinquelingue	rabo-de-espada	rabo de espada
qüinqüelíngüe	quinquelíngue	rabo-de-foguete	rabo de foguete
qüinqüelobado	quinquelobado	rabo-de-galo	rabo de galo*
qüinqüelobulado	quinquelobulado	rabo-de-leão	rabo de leão
qüinqüenais	quinquenais	rabo-de-leque	rabo de leque
qüinqüenal	quinquenal	rabo-de-maré	rabo de maré
qüinqüenalidade	quinquenalidade	rabo-de-minhoto	rabo de minhoto
qüinqüenalmente	quinquenalmente	rabo-de-palha	rabo de palha**
qüinqüenário	quinquenário	rabo-de-peixe	rabo de peixe***
qüinqüênio	quinquênio	rabo-de-saia	rabo de saia
qüinqüepartido	quinquepartido	rabo-de-vaca	rabo de vaca
qüinqüepontuado	quinquepontuado	radaméia	radameia
qüinqüerreme	quinquerreme	radiofreqüência	radiofrequência
qüinqüesseriado	quinquesseriado	radom	rádom
qüinqüestriado	quinquestriado	rafaméia	rafameia
qüinqüevalve	quinquevalve	ragóide	ragoide
qüinqüevalvular	quinquevalvular	raieira-de-um-fogo!	raieira de um fogo!
qüinqüevigesimal	quinquevigesimal	raiúna	raiuna
qüinqüevirado	quinquevirado	raléia	raleia
qüinqüevirato	quinquevirato	rambóia	ramboia

*Aperitivo.
** Fato desonroso.
*** Tipo de automóvel.

ANTES	DEPOIS	ANTES	DEPOIS
qüinqüéviro	quinquéviro	raméia	rameia
rancheira-de-carreirinha	rancheira de carreirinha	relinqüimento	relinquimento
rangüinha	ranguinha	relinqüir	relinquir
ranóides	ranoides	renascenceano	renascenciano
raqueano	raquiano	renda-de-bico	renda de bico
rastaqüera	rastaquera	reqüesta	requesta
rastaqüeramente	rastaqueramente	reqüestado	requestado
rastaqüerar	rastaquerar	reqüestador	requestador
rastaqüeresco	rastaqueresco	reqüestar	requestar
rastaqüérico	rastaquérico	reqüesto	requesto
rastaqüerismo	rastaquerismo	rés-do-chão	rés do chão
rebôo	reboo	resinóide	resinoide
redargüente	redarguente	retinóico	retinoico
redargüição	redarguição	retinóide	retinoide
redargüido	redarguido	retorqüir	retorquir
redargüidor	redarguidor	retro-alveolar	retroalveolar
redargüel	redarguél	retro-esternal	retroesternal
redargüir	redarguir	retro-estilóide	retroestiloide
redargüitivamente	redarguitivamente	retro-insular	retroinsular
redargüitivo	redarguitivo	retrôo	retroo
reformorréia	reformorreia	retro-uterino	retrouterino
refreqüentação	refrequentação	reumatóide	reumatoide
refreqüentar	refrequentar	revôo	revoo
régua-de-cálculo	régua de cálculo	ribonucléico	ribonucleico
regüeira	regueira	ricinoléico	ricinoleico
regüeiro	regueiro	riféia	rifeia
regüense	reguense	rinorréia	rinorreia
réia	reia	rinorréico	rinorreico
reiúna	reiuna	ripéia	ripeia
reiúno	reiuno	ritmopéia	ritmopeia
relambóia	relamboia	rizóide	rizoide
relinqüição	relinquição	roda-dos-altos-coices	roda dos altos coices

ANTES	DEPOIS	ANTES	DEPOIS
rodopéia	rodopeia	sagüeiro-do-mato	sagueiro-do-mato
rombóide	romboide	sagüi	sagui
romeu-e-julieta	romeu e julieta	sagüi-caratinga	sagui-caratinga
rosa-dos-ventos	rosa dos ventos	sagüi-de-orelhas-compridas	sagui-de-orelhas-compridas
roseano	rosiano	sagüi-do-brasil	sagui-do-brasil
rotéia	roteia	sagüi-do-rio-de-janeiro	sagui-do-rio-de-janeiro
rotenóide	rotenoide	sagüiguaçu	saguiguaçu
roupa-de-franceses	roupa de franceses	sagüim	saguim
rouxinol-de-almada	rouxinol de almada	sagüi-mascarado	sagui-mascarado
rua-dos-salgados	rua dos salgados	sagüi-ordinário	sagui-ordinário
rubiaceano	rubiaciano	sagüi-pequenino-do-maranhão	sagui-pequenino-do-maranhão
rubi-da-sibéria	rubi da sibéria	sagüipiranga	saguipiranga
rubi-de-madagascar	rubi de madagascar	sagüi-preto	sagui-preto
rubi-do-brasil	rubi do brasil	sagüiúna	saguiúna
rubi-do-cabo	rubi do cabo	sagüi-veludo	sagui-veludo
rusga-dos-orientais	rusga dos orientais	sagüi-vermelho	sagui-vermelho
sabajóia	sabajoia	saia-e-blusa	saia e blusa
sabéia	sabeia	saída-de-banho	saída de banho
sabicéia	sabiceia	saída-de-praia	saída de praia
sacaibóia	sacaiboia	sala-e-dois-quartos	sala e dois quartos
saca-la-mana	saca la mana	sala-e-quarto	sala e quarto
sacaróide	sacaroide	sala-e-três-quartos	sala e três quartos
sacarréia	sacarreia	sal-de-santa-maria	sal de santa maria
sacarréico	sacarreico	salvador-da-pátria	salvador da pátria
saco-de-areia	saco de areia	salve-se-quem-puder	salve-se quem puder
saco-de-serra	saco de serra	samba-de-breque	samba de breque
sacrorraqueano	sacrorraquiano	samba-de-matuto	samba de matuto
saducéia	saduceia	samba-de-roda	samba de roda
sagüeiro	sagueiro	samba-em-berlim	samba em berlim

ANTES	DEPOIS	ANTES	DEPOIS
saméia	sameia	seborréia	seborreia
sangüe	sangue	seborréico	seborreico
sangue-de-tatu	sangue de tatu	secador-de-café	secador de café
sangüeira	sangueira	secantóide	secantoide
sangüentado	sanguentado	seco-na-paçoca	seco na paçoca
sangüento	sanguento	seis-e-cinco	seis e cinco
sangüicel	sanguicel	seiúda	seiuda
sangüicola	sanguicola	selenóide	selenoide
sangüinariamente	sanguinariamente	se-me-dão	se me dão
sangüinária	sanguinária	semi-abarcante	semiabarcante
sangüinária-do-canadá	sanguinária-do-canadá	semi-aberto	semiaberto
sangüinarina	sanguinarina	semi-acerbo	semiacerbo
sangüinário	sanguinário	semi-aderente	semiaderente
sangüínea	sanguínea	semi-alegórico	semialegórico
sangüíneo	sanguíneo	semi-alma	semialma
sangüinolento	sanguinolento	semi-amigo	semiamigo
sangüinoso	sanguinoso	semi-amplexicaule	semiamplexicaule
sanscritóide	sanscritoide	semi-amplexifloro	semiamplexifloro
santantoninho-onde-te-porei	santantoninho onde te porei	semi-amplexivo	semiamplexivo
santo-breve-da-marca!	santo breve da marca!	semi-analfabeto	semianalfabeto
santo-e-senha	santo e senha	semi-anão	semianão
sapéia	sapeia	semi-anátropo	semianátropo
saqüé	saqué	semi-anime	semianime
sarça-idéia	sarça-ideia	semi-anual	semianual
sarcóide	sarcoide	semi-anular	semianular
sarcopióide	sarcopioide	semi-apóstata	semiapóstata
sarigüéia	sarigueia	semi-arianismo	semiarianismo
sasséia	sasseia	semi-ariano	semiariano
satarquéia	satarqueia	semi-asse	semiasse

ANTES	DEPOIS	ANTES	DEPOIS
semi-automático	semiautomático	semi-rouco	semirrouco
semi-azedo	semiazedo	semi-sábio	semissábio
semi-azigo	semiazigo	semi-sagitado	semissagitado
semidéia	semideia	semi-secular	semissecular
semi-eixo	semieixo	semi-segredo	semissegredo
semi-embrionário	semiembrionário	semi-selvagem	semisselvagem
semi-enterrado	semienterrado	semi-septenário	semisseptenário
semi-erudito	semierudito	semi-serpente	semisserpente
semi-esfera	semiesfera	semi-silvestre	semissilvestre
semi-esférico	semiesférico	semi-sinfostêmone	semissinfostêmone
semi-esferoidal	semiesferoidal	semi-soberania	semissoberania
semi-esferóide	semiesferoide	semi-soberano	semissoberano
semi-estabulação	semiestabulação	semi-som	semissom
semi-estabulado	semiestabulado	semi-soma	semissoma
semi-estragado	semiestragado	semi-uncial	semiuncial
semi-estranho	semiestranho	sempre-em-pé	sempre em pé
semi-oclusivo	semioclusivo	senóide	senoide
semi-oficial	semioficial	sentimentalóide	sentimentaloide
semi-oficioso	semioficioso	sepalóide	sepaloide
semi-oitava	semioitava	seqüela	sequela
semi-orbe	semiorbe	seqüência	sequência
semi-oval	semioval	seqüenciado	sequenciado
semi-racional	semirracional	seqüenciador	sequenciador
semi-radiado	semirradiado	seqüencial	sequencial
semi-rápido	semirrápido	seqüenciamento	sequenciamento
semi-real	semirreal	seqüenciar	sequenciar
semi-regular	semirregular	seqüencionário	sequencionário
semi-rei	semirrei	seqüente	sequente
semi-religioso	semirreligioso	seqüentemente	sequentemente
semi-reta	semirreta	seqüestração	sequestração
semi-reto	semirreto	seqüestrado	sequestrado
semi-roto	semirroto	seqüestrador	sequestrador

Antes e depois da nova ortografia 117

ANTES	DEPOIS	ANTES	DEPOIS
seqüestrar	sequestrar	sinopéia	sinopeia
seqüestrável	sequestrável	sinusóide	sinusoide
seqüestre	sequestre	siricóia	siricoia
seqüestrectomia	sequestrectomia	siriguéia	siriguéia
seqüestro	sequestro	sobreedificação	sobre-edificação
seqüestro-relâm-pago	sequestro-relâm-pago	sobreedificar	sobre-edificar
séqüito	séquito	sobreeminência	sobre-eminência
seqüóia	sequoia	sobreeminente	sobre-eminente
sequóia-gigante	sequoia-gigante	sobreemissão	sobre-emissão
sequóia-sempre--verde	sequoia-sempre--verde	sobreencantar	sobre-encantar
sericóia	sericoia	sobreendivida-mento	sobre-endivida-mento
serigüela	seriguela	sobreendividar-se	sobre-endividar-se
serossangüíneo	serossanguíneo	sobreentender	sobre-entender
sesamóide	sesamoide	sobreerguer	sobre-erguer
sesamóide-menor	sesamoide-menor	sobreerrogação	sobre-errogação
sessenta-e-um	sessenta e um	sobreerrogatoria-mente	sobre-errogatoria-mente
sete-e-meio	sete e meio	sobreerrogatório	sobre-errogatório
sete-em-porta	sete em porta	sobreestadia	sobre-estadia
sialorréia	sialorreia	sobreestar	sobre-estar
sialorréico	sialorreico	sobreestimação	sobre-estimação
sifilóide	sifiloide	sobreestimado	sobre-estimado
sifonóide	sifonoide	sobreestimar	sobre-estimar
sigmóide	sigmoide	sobreestimativa	sobre-estimativa
signo-de-salomão	signo de salomão	sobreexaltação	sobre-exaltação
siliqüiforme	siliquiforme	sobreexaltado	sobre-exaltado
siluróides	siluroides	sobreexaltar	sobre-exaltar
simongóia	simongoia	sobreexcedente	sobre-excedente
sinal-da-cruz	sinal da cruz	sobreexceder	sobre-exceder
sinóico	sinoico	sobreexcelêencia	sobre-excelêencia

ANTES	DEPOIS	ANTES	DEPOIS
sobreexcelente	sobre-excelente	sofocleano	sofocliano
sobreexcesso	sobre-excesso	sol-das-almas	sol das almas
sobreexcitação	sobre-excitação	sol-de-gata	sol de gata
sobreexcitante	sobre-excitante	sol-e-dó	sol e dó
sobreexcitar	sobre-excitar	solenóide	solenoide
sobreexistir	sobre-existir	sorindéia	sorindeia
sobre-relha	sobrerrelha	sotéia	soteia
sobre-renal	sobrerrenal	suaviloqüência	suaviloquência
sobre-restar	sobrerrestar	suaviloqüente	suaviloquente
sobre-rodela	sobrerrodela	subeqüilateral	subequilateral
sobre-rolda	sobrerrolda	sub-rés-do-chão	sub-rés do chão
sobre-roldar	sobrerroldar	subseqüência	subsequência
sobre-ronda	sobrerronda	subseqüente	subsequente
sobre-rondar	sobrerrondar	subseqüentemente	subsequentemente
sobre-rosado	sobrerrosado	subtilifóio	subtilifoio
sobre-saia	sobressaia	subungüiculado	subunguiculado
sobre-saturação	sobressaturação	sulfonaftaléico	sulfonaftaleico
sobre-saturado	sobressaturado	sulfuróide	sulfuroide
sobre-saturar	sobressaturar	suor-de-alambique	suor de alambique
sobre-selo	sobresselo	súpero-anterior	superoanterior
sobre-semear	sobressemear	súpero-exterior	superoexterior
sobre-ser	sobresser	súpero-inferior	superoinferior
sobre-sinal	sobressinal	súpero-lateral	superolateral
sobre-solar	sobressolar	súpero-palmar	superopalmar
sobre-soleira	sobressoleira	súpero-posterior	superoposterior
sobre-substancial	sobressubstancial	supracoroideano	supracoroidiano
sobrevôo	sobrevoo	supra-escapular	supraescapular
sociolingüista	sociolinguista	supra-estadual	supraestadual
sociolingüística	sociolinguística	supra-esternal	supraesternal
sociolingüístico	sociolinguístico	supra-estrutura	supraestrutura
socos-da-rainha	socos da rainha	supra-excitação	supraexcitação
sofá-de-arrasto	sofá de arrasto	supra-excitante	supraexcitante

ANTES	DEPOIS	ANTES	DEPOIS
supra-excitar	supraexcitar	telefone-sem-fio	telefone sem fio
supra-orbitário	supraorbitário	telegrama-sem-fio	telegrama sem fio
supra-racional	suprarracional	telopéia	telopeia
supra-real	suprarreal	tem-te-não-caias	tem-te não caias*
supra-realismo	suprarrealismo	tenente-coronel-aviador	tenente-coronel aviador
supra-realista	suprarrealista	tenióide	tenioide
supra-renal	suprarrenal	tenióides	tenioides
supra-renina	suprarrenina	teodicéia	teodiceia
supra-segmental	suprassegmental	teopéia	teopeia
supra-sensível	suprassensível	teratóide	teratoide
supra-senso	suprassenso	teréia	tereia
supra-sumo	suprassumo	teretifóio	teretifoio
tabaféia	tabafeia	termocróico	termocroico
tablóide	tabloide	termopolipnéia	termopolipneia
tacóide	tacoide	terra-a-terra	terra a terra
taforéia	taforeia	terra-da-china	terra da china
tairabóia	tairaboia	terra-de-sevilha	terra de sevilha
taiúva	taiuva	terra-de-siena	terra de siena
talagóia	talagoia	teséias	teseias
tangentóide	tangentoide	testa-de-ferro	testa de ferro
tanóide	tanoide	testamento-de-judas	testamento de judas
tão-só	tão só	testemóia	testemoia
tão-somente	tão somente	testemóio	testemoio
tapaiúna	tapaiuna	testemunha-de-jeová	testemunha de jeová
tapaiúno	tapaiuno	tetéia	teteia
taquipnéia	taquipneia	tetraplóide	tetraploide
taquipnéico	taquipneico	tianéia	tianeia
taranéia	taraneia	tibiocalcaneano	tibiocalcaniano
tarirabóia	tariraboia	tifinéias	tifineias
tarqüiniense	tarquiniense	tifóide	tifoide
tebéia	tebeia	tigüera	tiguera

* Sem hífen no VOLP, embora o pron. átono devesse estar ligado ao v.

ANTES	DEPOIS	ANTES	DEPOIS
tilacóide	tilacoide	torreano	torriano
timeléia	timeleia	toxicofléia	toxicofleia
tinféia	tinfeia	toxóide	toxoide
tipanéia	tipaneia	traço-de-união	traço de união
tipóia	tipoia	trairambóia	trairamboia
tirador-de-cipó	tirador de cipó	tramóia	tramoia
tira-e-retira	tira e retira	tranqüilamente	tranquilamente
tirambóia	tiramboia	tranqüilidade	tranquilidade
tiranabóia	tiranaboia	tranqüilização	tranquilização
tirapéia	tirapeia	tranqüilizado	tranquilizado
tireóide	tireoide	tranqüilizador	tranquilizador
tirisséia	tirisseia	tranqüilizadora-mente	tranquilizadora-mente
tiro-de-guerra	tiro de guerra	tranqüilizante	tranquilizante
tiróide	tiroide	tranqüilizar	tranquilizar
tirsóide	tirsoide	tranqüilo	tranquilo
toco-de-amarrar-onça	toco de amarrar onça	transacreano	transacriano
toco-de-amarrar-resta	toco de amarrar resta	transeuropéia	transeuropeia
todéia	todeia	transvôo	transvoo
tóino	toino	trapezóide	trapezoide
tomabéia	tomabeia	traqueano	traquiano
tomara-que-caia	tomara que caia	traquéia	traqueia
tomba-las-águas	tomba las águas	traquéia-artéria	traqueia-artéria
tonabéia	tonabeia	traquéico	traqueico
tôo	too	traqueóide	traqueoide
topa-a-tudo	topa a tudo	traquitóide	traquitoide
torna-em-torna	torna em torna	traumatopnéia	traumatopneia
tornassol-da-europa	tornassol da europa	traumatopnéico	traumatopneico
tornassol-dos-franceses	tornassol dos franceses	trem-de-lastro	trem de lastro
toróide	toroide	tremóia	tremoia
toronéia	toroneia	trendóide	trendoide

ANTES	DEPOIS	ANTES	DEPOIS
trépano-de-coroa	trépano de coroa	uarurembóia	uaruremboia
tricinqüentenário	tricinquentenário	ubaíína	ubaiina
tricóide	tricoide	ubiqüidade	ubiquidade
tricróico	tricroico	ubiqüista	ubiquista
tricróito	tricroito	ubiqüitário	ubiquitário
trilíngüe	trilíngue	ulceróide	ulceroide
trilingüismo	trilinguismo	ulisséia	ulisseia
tringóide	tringoide	ultra-elevado	ultraelevado
trinta-e-oito	trinta e oito	ultra-esdrúxulo	ultraesdrúxulo
trinta-e-um	trinta e um	ultra-esquerda	ultraesquerda
trinta-e-um-de-roda	trinta e um de roda	ultra-esquerdismo	ultraesquerdismo
trióico	trioico	ultra-esquerdista	ultraesquerdista
tripa-de-lobo	tripa de lobo	ultra-existência	ultraexistência
triplóide	triploide	ultra-existente	ultraexistente
triquinóide	triquinoide	ultra-existir	ultraexistir
trocóide	trocoide	ultra-infernal	ultrainfernal
tróia	troia	ultra-oceânico	ultraoceânico
tróica	troica	ultra-ofensivo	ultraofensivo
tróico	troico	ultra-otimista	ultraotimista
tróilo	troilo	ultra-racionalismo	ultrarracionalismo
trôo	troo	ultra-radical	ultrarradical
tuberculóide	tuberculoide	ultra-radicalismo	ultrarradicalismo
tuberóide	tuberoide	ultra-rápido	ultrarrápido
tubulodermóide	tubulodermoide	ultra-realismo	ultrarrealismo
tucanabóia	tucanaboia	ultra-realista	ultrarrealista
tuiúcas	tuiucas	ultra-republicanismo	ultrarrepublicanismo
tuiúva	tuiuva	ultra-republicano	ultrarrepublicano
tupéia	tupeia	ultra-revolucionário	ultrarrevolucionário
turbinosfenóide	turbinosfenoide	ultra-romântico	ultrarromântico
tuta-e-meia	tuta e meia	ultra-romantismo	ultrarromantismo
tutaméia	tutameia	ultra-romantizar	ultrarromantizar
uaiúa	uaiua	ultra-roxo	ultrarroxo

ANTES	DEPOIS	ANTES	DEPOIS
ultra-russo	ultrarrusso	uretroblenorréico	uretroblenorreico
ultra-secreto	ultrassecreto	uretrorréia	uretrorreia
ultra-secular	ultrassecular	uretrorréico	uretrorreico
ultra-sensível	ultrassensível	uretrotromóide	uretrotromoide
unha-de-santo	unha de santo	uróide	uroide
ultra-solar	ultrassolar	urorréico	urorreico
ultra-som	ultrassom	uscardéia	uscardeia
ultra-sônico	ultrassônico	uterorréia	uterorreia
ultra-sonografia	ultrassonografia	uterorréico	uterorreico
ultra-sonográfico	ultrassonográfico	vacéia	vaceia
ultra-sonografista	ultrassonografista	vacinóide	vacinoide
ultra-sonoro	ultrassonoro	vacinossifilóide	vacinossifiloide
umbigo-de-freira	umbigo de freira	vadéia	vadeia
úngüe	úngue	vagão-de-mar	vagão de mar
ungüentáceo	unguentáceo	vagüidade	vaguidade
ungüentário	unguentário	vai-não-vai	vai não vai
ungüento	unguento	vale-de-lençóis	vale de lençóis
ungüi	ungui	valéia	valeia
ungüiculado	unguiculado	valueuíta	valueuita
ungüífero	unguífero	vaniloqüência	vaniloquência
ungüiforme	unguiforme	vaniloqüente	vaniloquente
ungüinal	unguinal	vaniloqüentíssimo	vaniloquentíssimo
ungüinoso	unguinoso	vaqueano	vaquiano
úngüis	únguis	vardéia	vardeia
unha-de-fome	unha de fome	varicelóide	variceloide
unha-de-velha	unha de velha	variolóide	varioloide
unha-do-olho	unha do olho	varzeano	varziano
unha-no-olho	unha no olho	vasculossangüíneo	vasculossanguíneo
unhas-de-fome	unhas de fome	vasséia	vasseia
unilíngüe	unilíngue	vedóia	vedoia
urbanóide	urbanoide	vegetoalcalóide	vegetoalcaloide
uréia	ureia	veiúdo	veiudo
uréico	ureico	vem-cá-siriri	vem cá siriri
uretroblenorréia	uretroblenorreia	verbalóide	verbaloide

ANTES	DEPOIS	ANTES	DEPOIS
verborréia	verborreia	xantoprotéico	xantoproteico
verborréico	verborreico	xantorréia	xantorreia
verga-de-aço	verga de aço	xifóide	xifoide
vermilígües	vermilígues	xilóide	xiloide
vermilíngüe	vermilíngue	xistóide	xistoide
ver-o-peso	ver o peso	zancléia	zancleia
verruga-do-peru	verruga do peru	zebróide	zebroide
verzéia	verzeia	zé-da-vestia	zé da vestia
videofreqüência	videofrequência	zé-faz-formas	zé faz formas
vinte-e-quatro	vinte e quatro	zéia	zeia
vinte-e-quatro-horas	vinte e quatro horas	zelador-de-inquice	zelador de inquice
vinte-e-um	vinte e um	zelador-de-santo	zelador de santo
virado-de-feijão	virado de feijão	ziguezague	zigue-zague
vir-a-ser	vir a ser	ziguezigue	zigue-zigue
vira-tem-mão	vira tem mão	zóico	zoico
viróide	viroide	zóide	zoide
vitaminóide	vitaminoide	zôo	zoo
viva-el-amor	viva el amor	zoofitóide	zoofitoide
vivo-to-dou	vivo to dou	zoogléia	zoogleia
voandzéia	voandzeia	zoogléico	zoogleico
vocóide	vocoide	zoóide	zooide
volta-no-meio	volta no meio	zoroastréia	zoroastreia
vôo	voo	zunzum	zum-zum
vôo-do-morcego	voo do morcego	zunzunzum	zum-zum-zum
vôo-livre	voo-livre		

Acordo Ortográfico da Língua Portuguesa

(Reprodução fac-similar)

CONGRESSO NACIONAL

Faço saber que o Congresso Nacional aprovou, e eu, José Sarney, Presidente do Senado Federal, nos termos do art. 48, item 28, do Regime Interno, promulgo o seguinte

Decreto Legislativo nº 54, de 1995

Aprova o texto do Acordo Ortográfico da Língua Portuguesa, assinado em Lisboa, em 16 de dezembro de 1990.

O Congresso Nacional decreta:

Art. 10º É aprovado o texto do Acordo Ortográfico da Língua Portuguesa, assinado em Lisboa, em 16 de dezembro de 1990.
Parágrafo único. São sujeitos à apreciação do Congresso Nacional quaisquer atos que impliquem revisão do referido Acordo, bem como quaisquer atos que, nos termos do art. 49, I, da Constituição Federal, acarretem encargos ou compromissos gravosos ao patrimônio nacional.
Art. 2º Este decreto Legislativo entra em vigor na data de sua publicação.
Senado Federal, 18 de abril de 1995. – Senador josé Sarney, Presidente.
(Assinado pelo presidente Luís Inácio Lula da Silva em 29 de setembro de 2008)

ACORDO ORTOGRÁFICO DA LÍNGUA PORTUGUESA

Considerando que o projecto de texto de ortografia unificada de língua portuguesa aprovado em Lisboa, em 12 de Outubro de 1990, pela

Academia das Ciências de Lisboa, Academia Brasileira de Letras e delegações de Angola, Cabo Verde, Guiné-Bissau, Moçambique e São Tomé e Príncipe, com a adesão da delegação de observadores da Galiza, constitui um passo importante para a defesa da unidade essencial da língua portuguesa e para o seu prestígio internacional;

Considerando que o texto do Acordo que ora se aprova resulta de um aprofundado debate nos países signatários:

A República Popular de Angola, a República Federativa do Brasil, a República de Cabo Verde, a República da Guiné-Bissau, a República de Moçambique, a República Portuguesa e a República Democrática de São Tomé e Príncipe acordam no seguinte:

Artigo 1.º

É aprovado o Acordo Ortográfico da Língua Portuguesa, que consta como anexo I ao presente instrumento de aprovação, sob a designação de Acordo Ortográfico da Língua Portuguesa (1990), e vai acompanhado da respectiva nota explicativa, que consta como anexo II ao mesmo instrumento de aprovação, sob a designação de Nota Explicativa do Acordo Ortográfico da Língua Portuguesa (1990).

Artigo 2.º

Os Estados signatários tomarão, através das instituições e órgãos competentes, as providências necessárias com vista à elaboração, até 1 de Janeiro de 1993, de um vocabulário ortográfico comum da língua portuguesa, tão completo quanto desejável e tão normalizador quanto possível, no que se refere às terminologias científicas e técnicas.

Artigo 3.º

O Acordo Ortográfico da Língua Portuguesa entrará em vigor em 1 de Janeiro de 1994, após depositados os instrumentos de ratificação de todos os Estados junto do Governo da República Portuguesa.

Artigo 4.º

Os Estados signatários adoptarão as medidas que entenderem adequadas ao efectivo respeito da data da entrada em vigor estabelecida no artigo 3.º

Em fé do que os abaixo assinados, devidamente credenciados para o efeito, aprovam o presente Acordo, redigido em língua portuguesa, em sete exemplares, todos igualmente autênticos.

Assinado em Lisboa, em 16 de Dezembro de 1990.

Pela República Popular de Angola:
José Mateus de Adelino Peixoto, Secretário de Estado da Cultura.
Pela República Federativa do Brasil:
Carlos Alberto Gomes Chiarelli, Ministro da Educação.
Pela República de Cabo Verde:
David Hopffer Almada, Ministro da Informação, Cultura e Desportos.
Pela República da Guiné-Bissau:
Alexandre Brito Ribeiro Furtado, Secretário de Estado da Cultura.
Pela República de Moçambique:
Luís Bernardo Honwana, Ministro da Cultura.
Pela República Portuguesa:
Pedro Miguel Santana Lopes, Secretário de Estado da Cultura.
Pela República Democrática de São Tomé e Príncipe:
Lígia Silva Graça do Espírito Santo Costa, Ministra da Educação e Cultura.

ANEXO I

ACORDO ORTOGRÁFICO DA LÍNGUA PORTUGUESA (1990)

Base I

Do alfabeto e dos nomes próprios estrangeiros e seus derivados

1.º O alfabeto da língua portuguesa é formado por 26 letras, cada uma delas com uma forma minúscula e outra maiúscula:

a A (á)
b B (bê)
c C (cê)
d D (dê)
e E (é)
f F (efe)

g G (gê ou guê)
h H (agá)
i I (i)
j J (jota)
k K (capa ou cá)
l L (ele)
m M (eme)
n N (ene)
o O (ó)
p P (pê)
q Q (quê)
r R (erre)
s S (esse)
t T (tê)
u U (u)
v V (vê)
w W (dáblio)
x X (xis)
y Y (ípsilon)
z Z (zê)

Obs.: 1 – Além destas letras, usam-se o ç (cê cedilhado) e os seguintes dígrafos: rr (erre duplo), ss (esse duplo), ch (cê-agá), lh (ele-agá), nh (ene-agá), gu (guê-u) e qu (quê-u).

2 – Os nomes das letras acima sugeridos não excluem outras formas de as designar.

2.º As letras k, w e y usam-se nos seguintes casos especiais:
   a) Em antropónimos/antropônimos originários de outras línguas e seus derivados: Franklin, frankliniano; Kant, kantismo, Darwin, darwinismo; Wagner, wagneriano; Byron, byroniano; Taylor, taylorista;
   b) Em topónimos/topônimos originários de outras línguas e seus derivados: Kwanza, Kuwait, kuwaitiano; Malawi, malawiano;
   c) Em siglas, símbolos e mesmo em palavras adotadas como unidades de medida de curso internacional: TWA, KLM; K-potássio (de kalium) W-oeste (West); kg-quilograma, km-quilômetro, kW-kilowatt, yd-jarda (yard); Watt.

3.º Em congruência com o número anterior, mantêm-se nos vocábulos derivados eruditamente de nomes próprios estrangeiros quaisquer combinações gráficas ou sinais diacríticos não peculiares à nossa escrita que figurem nesses nomes: comtista, de Comte, garrettiano, de Garrett; jeffersónia/jeffersônia, de Jefferson; mülleriano, de Müller, shakespeariano, de Shakespeare.

Os vocabulários autorizados registarão grafias alternativas admissíveis, em casos de divulgação de certas palavras de tal tipo de origem (a exemplo de fúcsia/fúchsia e derivados, buganvília/buganvílea/bougainvíllea).

4.º Os dígrafos finais de origem hebraica ch, ph e th podem conservar-se em formas onomásticas da tradição bíblica, como Baruch, Loth, Moloch, Ziph, ou então simplificar-se: Baruc, Lot, Moloc, Zif. Se qualquer um destes dígrafos, em formas do mesmo tipo, é invariavelmente mudo, elimina-se: José, Nazaré, em vez de Joseph, Nazareth; e se algum deles, por força do uso, permite adaptação, substitui-se, recebendo uma adição vocálica: Judite, em vez de Judith.

5.º As consoantes finais grafadas b, c, d, g e t mantêm-se, quer sejam mudas quer proferidas nas formas onomásticas em que o uso as consagrou, nomeadamente antropónimos/antropônimos e topónimos/topônimos da tradição bíblica: Jacob, Job, Moab, Isaac, David, Gad; Gog, Magog; Bensabat, Josafat.

Integram-se também nesta forma: Cid, em que o d é sempre pronunciado; Madrid e Valladolid, em que o d ora é pronunciado, ora não; e Calecut ou Calicut, em que o t se encontra nas mesmas condições.

Nada impede, entretanto, que dos antropónimos/antropônimos em apreço sejam usados sem a consoante final Jó, Davi e Jacó.

6.º Recomenda-se que os topónimos/topônimos de línguas estrangeiras se substituam, tanto quanto possível, por formas vernáculas, quando estas sejam antigas e ainda vivas em português ou quando entrem, ou possam entrar, no uso corrente. Exemplo: Anvers, substituído por Antuérpia; Cherbourg, por Cherburgo; Garonne, por Garona; Génève, por Genebra; Jutland, por Jutlândia; Milano, por Milão; München, por Munique; Torino, por Turim; Zürich, por Zurique, etc.

Base II

Do h inicial e final

1.º O h inicial emprega-se:
   a) Por força da etimologia: haver, hélice, hera, hoje, hora, homem, humor;
   b) Em virtude de adoção convencional: hã?, hem?, hum!

2.º O h inicial suprime-se:
   a) Quando, apesar da etimologia, a sua supressão está inteiramente consagrada pelo uso: erva, em vez de herva; e, portanto, ervaçal, ervanário, ervoso (em contraste com herbáceo, herbanário, herboso, formas de origem erudita);
   b) Quando, por via de composição, passa a interior e o elemento em que figura se aglutina ao precedente: biebdomadário, desarmonia, desumano, exaurir, inábil, lobisomem, reabilitar, reaver.

3.º O h inicial mantém-se, no entanto, quando numa palavra composta pertence a um elemento que está ligado ao anterior por meio de hífen: anti-higiénico/anti-higiênico, contra-haste, pré-história, sobre-humano.

4.º O h final emprega-se em interjeições: ah! oh!

Base III

Da homofonia de certos grafemas consonânticos

Dada a homofonia existente entre certos grafemas consonânticos, torna-se necessário diferenciar os seus empregos, que fundamentalmente se regulam pela história das palavras. É certo que a variedade das condições em que se fixam na escrita os grafemas consonânticos homófonos nem sempre permite fácil diferenciação dos casos em que se deve empregar uma letra e daqueles em que, diversamente, se deve empregar outra, ou outras, a representar o mesmo som.

Nesta conformidade, importa notar, principalmente, os seguintes casos:

1.º Distinção gráfica entre ch e x: achar, archote, bucha, capacho, capucho, chamar, chave, Chico, chiste, chorar, colchão, colchete, endecha, estrebucha, facho, ficha, flecha, frincha, gancho, inchar, macho, mancha, murchar, nicho, pachorra, pecha, pechincha, penacho, rachar, sachar, tacho; ameixa, anexim, baixel, baixo, bexiga, bruxa, coaxar, coxia, debuxo, deixar, eixo, elixir, enxofre, faixa, feixe, madeixa, mexer, oxalá, praxe, puxar, rouxinol, vexar, xadrez, xarope, xenofobia, xerife, xícara.

2.º Distinção gráfica entre g, com valor de fricativa palatal, e j: adágio, alfageme, Álgebra, algema, algeroz, Algés, algibebe, algibeira, álgido, almargem, Alvorge, Argel, estrangeiro, falange, ferrugem, frigir, gelosia, gengiva, gergelim, geringonça, Gibraltar, ginete, ginja, girafa, gíria, herege, relógio, sege, Tânger, virgem; adjetivo, ajeitar, ajeru (nome de planta indiana e de uma espécie de papagaio), canjerê, canjica, enjeitar, granjear, hoje, intrujice, jecoral, jejum, jeira, jeito, Jeová, jenipapo, jequiri, jequitibá, Jeremias, Jericó, jerimum, Jerónimo, Jesus, jibóia, jiquipanga, jiquiró, jiquitaia, jirau, jiriti, jitirana, laranjeira, lojista, majestade, majestoso, manjerico, manjerona, mucujê, pajé, pegajento, rejeitar, sujeito, trejeito.

3.º Distinção gráfica entre as letras, s, ss, c, ç e x, que representam sibilantes surdas: ânsia, ascensão, aspersão, cansar, conversão, esconso, farsa, ganso, imenso, mansão, mansarda, manso, pretensão, remanso, seara, seda, Seia, Sertã, Sernancelhe, serralheiro, Singapura, Sintra, sisa, tarso, terso, valsa; abadessa, acossar, amassar, arremessar, Asseiceira, asseio, atravessar, benesse, Cassilda, codesso (identicamente Codessal ou Codassal, Codesseda, Codessoso, etc.), crasso, devassar, dossel, egresso, endossar, escasso, fosso, gesso, molosso, mossa, obsessão, pêssego, possesso, remessa, sossegar; acém, acervo, alicerce, cebola, cereal, Cernache, cetim, Cinfães, Escócia, Macedo, obcecar, percevejo; açafate, açorda, açúcar, almaço, atenção, berço, Buçaco, caçange, caçula, caraça, dançar, Eça, enguiço, Gonçalves, inserção, linguiça, maçada, Mação, maçar, Moçambique, Monção, muçulmano, murça, negaça, pança, peça, quiçaba, quiçaça, quiçama, quiçamba, Seiça (grafia que pretere as errôneas/errôneas Ceiça e Ceissa), Seiçal, Suíça, terço; auxílio, Maximiliano, Maximino, máximo, próximo, sintaxe.

4.º Distinção gráfica entre s de fim de sílaba (inicial ou interior) e x e z com idêntico valor fónico/fônico: adestrar, Calisto, escusar, esdrúxulo, esgotar, esplanada, esplêndido, espontâneo, espremer,

esquisito, estender, Estremadura, Estremoz, inesgotável; extensão, explicar, extraordinário, inextricável, inexperto, sextante, têxtil; capazmente, infelizmente, velozmente. De acordo com esta distinção convém notar dois casos:
- a) Em final de sílaba que não seja final de palavra, o x = s muda para s sempre que está precedido de i ou u: justapor, justalinear, misto, sistino (cf. Capela Sistina), Sisto, em vez de juxtapor, juxtalinear, mixto, sixtina, Sixto;
- b) Só nos advérbios em -mente se admite z, com valor idêntico ao de s, em final de sílaba seguida de outra consoante (cf. capazmente, etc.); de contrário, o s toma sempre o lugar do z: Biscaia, e não Bizcaia;

5.º Distinção gráfica entre s final de palavra e x e z com idêntico valor fónico/fônico: aguarrás, aliás, anis, após, atrás, através, Avis, Brás, Dinis, Garcês, gás, Gerês, Inês, íris, Jesus, jus, lápis, Luís, país, português, Queirós, quis, retrós, revés, Tomás, Valdês; cálix, Félix, Fénix, flux; assaz, arroz, avestruz, dez, diz, fez (substantivo e forma do verbo fazer), fiz, Forjaz, Galaaz, giz, jaez, matiz, petiz, Queluz, Romariz, [Arcos de] Valdevez, Vaz. A propósito, deve observar-se que é inadmissível z final equivalente a s em palavra não oxítona: Cádis, e não Cádiz.

6.º Distinção gráfica entre as letras interiores s, x e z, que representam sibilantes sonoras: aceso, analisar, anestesia, artesão, asa, asilo, Baltasar, besouro, besuntar, blusa, brasa, brasão, Brasil, brisa, [Marco de] Canaveses, coliseu, defesa, duquesa, Elisa, empresa, Ermesinde, Esposende, frenesi ou frenesim, frisar, guisa, improviso, jusante, liso, lousa, Lousã, Luso (nome de lugar, homónimo/homônimo de Luso, nome mitológico), Matosinhos, Meneses, Narciso, Nisa, obséquio, ousar, pesquisa, portuguesa, presa, raso, represa, Resende, sacerdotisa, Sesimbra, Sousa, surpresa, tisana, transe, trânsito, vaso; exalar, exemplo, exibir, exorbitar, exuberante, inexato, inexorável; abalizado, alfazema, Arcozelo, autorizar, azar, azedo, azo, azorrague, baliza, bazar, beleza, buzina, búzio, comezinho, deslizar, deslize, Ezequiel, fuzileiro, Galiza, guizo, helenizar, lambuzar, lezíria, Mouzinho, proeza, sazão, urze, vazar, Veneza, Vizela, Vouzela.

Base IV
Das sequências consonânticas

1.º O c, com valor de oclusiva velar, das sequências interiores cc (segundo c com valor de sibilante), cç e ct, e o p das sequências interiores pc (c com valor de sibilante), pç e pt, ora se conservam, ora se eliminam.

Assim:
   a) Conservam-se nos casos em que são invariavelmente proferidos nas pronúncias cultas da língua: compacto, convicção, convicto, ficção, friccionar, pacto, pictural; adepto, apto, díptico, erupção, eucalipto, inepto, núpcias, rapto;
   b) Eliminam-se nos casos em que são invariavelmente mudos nas pronúncias cultas da língua: ação, acionar, afetivo, aflição, aflito, ato, coleção, coletivo, direção, diretor, exato, objeção; adoção, adotar, batizar, Egito, ótimo;
   c) Conservam-se ou eliminam-se facultativamente, quando se proferem numa pronúncia culta, quer geral quer restritamente, ou então quando oscilam entre a prolação e o emudecimento: aspecto e aspeto, cacto e cato, caracteres e carateres, dicção e dição; facto e fato, sector e setor; ceptro e cetro, concepção e conceção, corrupto e corruto, recepção e receção;
   d) Quando, nas sequências interiores mpc, mpç e mpt se eliminar o p de acordo com o determinado nos parágrafos precedentes, o m passa a n, escrevendo-se, respetivamente, nc, nç e nt: assumpcionista e assuncionista; assumpção e assunção; assumptível e assuntível; peremptório e perentório, sumptuoso e suntuoso, sumptuosidade e suntuosidade.

2.º Conservam-se ou eliminam-se, facultativamente, quando se proferem numa pronúncia culta, quer geral, quer restritamente, ou então quando oscilam entre a prolação e o emudecimento: o b da sequência bd, em súbdito; o b da sequência bt, em subtil e seus derivados; o g da sequência gd, em amígdala, amigdalácea, amigdalar, amigdalato, amigdalite, amigdalóide, amigdalopatia, amigdalotomia; o m da sequência mn, em amnistia, amnistiar, indemne, indemnidade, indemnizar, omnímodo, omnipotente, omnisciente, etc.; o t da sequência tm, em aritmética e aritmético.

Base V

Das vogais átonas

1.º O emprego do e e do i, assim como o do o e do u, em sílaba átona, regula-se fundamentalmente pela etimologia e por particularidades da história das palavras. Assim se estabelecem variadíssimas grafias:

 a) Com e e i: ameaça, amealhar, antecipar, arrepiar, balnear, boreal, campeão, cardeal (prelado, ave, planta; diferente de cardial = «relativo à cárdia»), Ceará, côdea, enseada, enteado, Floreal, janeanes, lêndea, Leonardo, Leonel, Leonor, Leopoldo, Leote, linear, meão, melhor, nomear, peanha, quase (em vez de quási), real, semear, semelhante, várzea; ameixial, Ameixieira, amial, amieiro, arrieiro, artilharia, capitânia, cordial (adjetivo e substantivo), corriola, crânio, criar, diante, diminuir, Dinis, ferregial, Filinto, Filipe (e identicamente Filipa, Filipinas, etc.), freixial, giesta, Idanha, igual, imiscuir-se, inigualável, lampião, limiar, Lumiar, lumieiro, pátio, pior, tigela, tijolo, Vimieiro, Vimioso;

 b) Com o e u: abolir, Alpendorada, assolar, borboleta, cobiça, consoada, consoar, costume, díscolo, êmbolo, engolir, epístola, esbaforir-se, esboroar, farândola, femoral, Freixoeira, girândola, goela, jocoso, mágoa, névoa, nódoa, óbolo, Páscoa, Pascoal, Pascoela, polir, Rodolfo, távoa, tavoada, távola, tômbola, veio (substantivo e forma do verbo vir); açular, água, aluvião, arcuense, assumir, bulir, camândulas, curtir, curtume, embutir, entupir, fémur/fêmur, fístula, glândula, ínsua, jucundo, légua, Luanda, lucubração, lugar, mangual, Manuel, míngua, Nicarágua, pontual, régua, tábua, tabuada, tabuleta, trégua, vitualha.

2.º Sendo muito variadas as condições etimológicas e histórico-fonéticas em que se fixam graficamente e e i ou o e u em sílaba átona, é evidente que só a consulta dos vocabulários ou dicionários pode indicar, muitas vezes, se deve empregar-se e ou i, se o ou u. Há, todavia, alguns casos em que o uso dessas vogais pode ser facilmente sistematizado. Convém fixar os seguintes:

a) Escrevem-se com e, e não com i, antes da sílaba tónica/tônica, os substantivos e adjetivos que procedem de substantivos terminados em -eio e -eia, ou com eles estão em relação direta. Assim se regulam: aldeão, aldeola, aldeota por aldeia; areal, areeiro, areento, Areosa por areia; aval por aveia; baleal por baleia; cadeado por cadeia; candeeiro por candeia; centeeira e centeeiro por centeio; colmeal e colmeeiro por colmeia; correada e correame por correia;

b) Escrevem-se igualmente com e, antes de vogal ou ditongo da sílaba tónica/tônica, os derivados de palavras que terminam em e acentuado (o qual pode representar um antigo hiato: ea, ee): galeão, galeota, galeote, de galé; coreano, de Coreia; daomeano, de Daomé; guineense, de Guiné; poleame e poleeiro, de polé;

c) Escrevem-se com i, e não com e, antes da sílaba tónica/tônica, os adjetivos e substantivos derivados em que entram os sufixos mistos de formação vernácula -iano e -iense, os quais são o resultado da combinação dos sufixos -ano e -ense com um i de origem analógica (baseado em palavras onde -ano e -ense estão precedidos de i pertencente ao tema: horaciano, italiano, duriense, flaviense, etc.): açoriano, acriano (de Acre), camoniano, goisiano (relativo a Damião de Góis), siniense (de Sines), sofocliano, torriano, torriense [de Torre(s)];

d) Uniformizam-se com as terminações -io e -ia (átonas), em vez de -eo e -ea, os substantivos que constituem variações, obtidas por
ampliação, de outros substantivos terminados em vogal: cúmio (popular), de cume; hástia, de haste; réstia, do antigo reste; véstia, de veste;

e) Os verbos em -ear podem distinguir-se praticamente grande número de vezes dos verbos em -iar, quer pela formação, quer pela conjugação e formação ao mesmo tempo. Estão no primeiro caso todos os verbos que se prendem a substantivos em -eio ou -eia (sejam formados em português ou venham já do latim); assim se regulam: aldear, por aldeia; alhear, por alheio; cear, por ceia; encadear, por cadeia; pear, por peia; etc. Estão no segundo caso todos os verbos que têm normalmente flexões rizotónicas/rizotônicas em -eio, -eias, etc.: clarear, delinear, devanear, falsear, granjear, guerrear, hastear, nomear, semear, etc. Existem, no entanto, verbos em -iar, ligados a substantivos com as terminações átonas -ia ou -io, que admitem variantes na conjugação: negoceio ou negocio (cf. negócio); premeio ou premio (cf. prémio/prêmio), etc.;

f) Não é lícito o emprego do u final átono em palavras de origem latina. Escreve-se, por isso: moto, em vez de mótu (por exemplo, na expressão de moto próprio); tribo, em vez de tríbu;

g) Os verbos em -oar distinguem-se praticamente dos verbos em -uar pela sua conjugação nas formas rizotónicas/rizotônicas, que têm sempre o na sílaba acentuada: abençoar com o, como abençoo, abençoas, etc.; destoar, com o, como destoo, destoas, etc.; mas acentuar, com u, como acentuo, acentuas, etc.

Base VI

Das vogais nasais

Na representação das vogais nasais devem observar-se os seguintes preceitos:

1.º Quando uma vogal nasal ocorre em fim de palavra, ou em fim de elemento seguido de hífen, representa-se a nasalidade pelo til, se essa vogal é de timbre a; por m, se possui qualquer outro timbre e termina a palavra; e por n, se é de timbre diverso de a e está seguida de s: afã, grã, Grã-Bretanha, lã, órfã, sã-braseiro (forma dialetal; o mesmo que são-brasense = de S. Brás de Alportel); clarim, tom, vacum; flautins, semitons, zunzuns.

2.º Os vocábulos terminados em -ã transmitem esta representação do a nasal aos advérbios em -mente que deles se formem, assim como a derivados em que entrem sufixos iniciados por z: cristãmente, irmãmente, sãmente; lãzudo, maçãzita, manhãzinha, romã-zeira.

Base VII
Dos ditongos

1.º Os ditongos orais, que tanto podem ser tónicos/tônicos como átonos, distribuem-se por dois grupos gráficos principais, conforme o segundo elemento do ditongo é representado por i ou u: ai, ei, éi, ui; au, eu, éu, iu, ou; braçais, caixote, deveis, eirado, farnéis (mas farneizinhos), goivo, goivar, lençóis (mas lençoizinhos), tafuis, uivar; cacau, cacaueiro, deu, endeusar, ilhéu (mas ilheuzito), mediu, passou, regougar.

Obs.: Admitem-se, todavia, excecionalmente à parte destes dois grupos, os ditongos grafados ae (= âi ou ai) e ao (= âu ou au): o primeiro, representado nos antropónimos/antropônimos Caetano e Caetana, assim como nos respectivos derivados e compostos (caetaninha, são-caetano, etc.); o segundo, representado nas combinações da preposição a com as formas masculinas do artigo ou pronome demonstrativo o, ou seja, ao e aos.

2.º Cumpre fixar, a propósito dos ditongos orais, os seguintes preceitos particulares:

a) É o ditongo grafado ui, e não a sequência vocálica grafada ue, que se emprega nas formas de 2.ª e 3.ª pessoas do singular do presente do indicativo e igualmente na da 2.ª pessoa do singular do imperativo dos verbos em -uir: constituis, influi, retribui. Harmonizam-se, portanto, essas formas com todos os casos de ditongo grafado ui de sílaba final ou fim de palavra (azuis, fui, Guardafui, Rui, etc.); e ficam assim em paralelo gráfico-fonético com as formas de 2.ª e 3.ª pessoas do singular do presente do indicativo e de 2.ª pessoa do singular do imperativo dos verbos em -air e em -oer: atrais, cai, sai; móis, remói, sói;

b) É o ditongo grafado ui que representa sempre, em palavras de origem latina, a união de um u a um i átono seguinte. Não

divergem, portanto, formas como fluido de formas como gratuito. E isso não impede que nos derivados de formas daquele tipo as vogais grafadas u e i se separem: fluídico, fluidez (u-i);
c) Além dos ditongos orais propriamente ditos, os quais são todos decrescentes, admite-se, como é sabido, a existência de ditongos crescentes. Podem considerar-se no número deles as sequências vocálicas pós-tónicas/pós-tônicas, tais as que se representam graficamente por ea, eo, ia, ie, io, oa, ua, ue, uo: áurea, áureo, calúnia, espécie, exímio, mágoa, míngua, ténue/tênue, tríduo.

3.º Os ditongos nasais, que na sua maioria tanto podem ser tónicos/tônicos como átonos, pertencem graficamente a dois tipos fundamentais: ditongos representados por vogal com til e semivogal; ditongos representados por uma vogal seguida da consoante nasal m. Eis a indicação de uns e outros:
a) Os ditongos representados por vogal com til e semivogal são quatro, considerando-se apenas a língua padrão contemporânea: ãe (usado em vocábulos oxítonos e derivados), ãi (usado em vocábulos anoxítonos e derivados), ão e õe. Exemplos: cães, Guimarães, mãe, mãezinha; cãibas, cãibeiro, cãibra, zãibo; mão, mãozinha, não, quão, sótão, sotãozinho, tão; Camões, orações, oraçõezinhas, põe, repões. Ao lado de tais ditongos pode, por exemplo, colocar-se o ditongo ui; mas este, embora se exemplifique numa forma popular como rui = ruim, representa-se sem o til nas formas muito e mui, por obediência à tradição;
b) Os ditongos representados por uma vogal seguida da consoante nasal m são dois: am e em. Divergem, porém, nos seus empregos:
   i) am (sempre átono) só se emprega em flexões verbais: amam, deviam, escreveram, puseram;
   ii) em (tónico/tônico, ou átono) emprega-se em palavras de categorias morfológicas diversas, incluindo flexões verbais, e pode apresentar variantes gráficas determinadas pela posição, pela acentuação ou, simultaneamente, pela posição e pela acentuação: bem, Bembom, Bemposta, cem, devem,

nem, quem, sem, tem, virgem; Bencanta, Benfeito, Benfica, benquisto, bens, enfim, enquanto, homenzarrão, homenzinho, nuvenzinha, tens, virgens, amém (variação de ámen), armazém, convém, mantém, ninguém, porém, Santarém, também; convêm, mantêm, têm (3.as pessoas do plural); armazéns, desdéns, convéns, reténs, Belenzada, vintenzinho.

Base VIII

Da acentuação gráfica das palavras oxítonas

1.º Acentuam-se com acento agudo:
 a) As palavras oxítonas terminadas nas vogais tónicas/tônicas abertas grafadas -a, -e ou -o, seguidas ou não de -s: está, estás, já, olá; até, é, és, olé, pontapé(s); avó(s), dominó(s), paletó(s), só(s).
  Obs.: Em algumas (poucas) palavras oxítonas terminadas em -e tónico/tônico, geralmente provenientes do francês, esta vogal, por ser articulada nas pronúncias cultas ora como aberta ora como fechada, admite tanto o acento agudo como o acento circunflexo:
  bebé ou bebê, ou bidé ou bidê, canapé ou canapê, caraté ou caratê, croché ou crochê, guiché ou guichê, matiné ou matinê, nené ou nenê, ponjé ou ponjê, puré ou purê, rapé ou rapê.
  O mesmo se verifica com formas como cocó e cocô, ró (letra do alfabeto grego) e rô. São igualmente admitidas formas como judô, a par de judo, e metrô, a par de metro;
 b) As formas verbais oxítonas, quando conjugadas com os pronomes clíticos ou lo(s), la(s), ficam a terminar na vogal tónica/tônica aberta grafada -a, após a assimilação e perda das consoantes finais grafadas -r, -s ou -z: adorá-lo(s) [de adorar-lo(s)], dá-la(s) [de dar-la(s) ou dá(s)-la(s)], fá-lo(s) [de faz-lo(s)], fá-lo(s)-ás [de far-lo(s)-ás], habitá-la(s)-iam [de habitar-la(s)-iam], trá-la(s)-á [de trar-la(s)-á)];
 c) As palavras oxítonas com mais de uma sílaba terminadas no ditongo nasal grafado -em (excepto as formas da 3.ª pessoa do plural do presente do indicativo dos compostos de ter e vir:

retêm, sustêm; advêm, provêm; etc.) ou -ens: acém, detém, deténs, entretém, entreténs, harém, haréns, porém, provém, provéns, também;

d) As palavras oxítonas com os ditongos abertos grafados -éi, -éu ou -ói, podendo estes dois últimos ser seguidos ou não de -s: anéis, batéis, fiéis, papéis; céu(s), chapéu(s), ilhéu(s), véu(s); corrói (de corroer), herói(s), remói (de remoer), sóis.

2.º Acentuam-se com acento circunflexo:

a) As palavras oxítonas terminadas nas vogais tónicas/tônicas fechadas que se grafam -e ou -o, seguidas ou não de -s: cortês, dê, dês (de dar), lê, lês (de ler), português, você(s); avô(s), pôs (de pôr), robô(s);

b) As formas verbais oxítonas, quando conjugadas com os pronomes clíticos -lo(s) ou -la(s), ficam a terminar nas vogais tónicas/tônicas fechadas que se grafam -e ou -o, após a assimilação e perda das consoantes finais grafadas -r, -s ou -z: detê-lo(s) [de deter-lo(s)], fazê-la(s) [de fazer-la(s)], fê-lo(s) [de fez-lo(s)], vê-la(s) [de ver-la(s)], compô-la(s) [de compor-la(s)], repô-la(s) [de repor-la(s)], pô-la(s) [de por-la(s) ou pôs-la(s)].

3.º Prescinde-se de acento gráfico para distinguir palavras oxítonas homógrafas, mas heterofónicas/heterofônicas, do tipo de cor (ô), substantivo, e cor (ó), elemento da locução de cor; colher (ê), verbo, e colher (é), substantivo. Excetua-se a forma verbal pôr, para a distinguir da preposição por.

Base IX

Da acentuação gráfica das palavras paroxítonas

1.º As palavras paroxítonas não são em geral acentuadas graficamente: enjoo, grave, homem, mesa, Tejo, vejo, velho, voo; avanço, floresta; abençoo, angolano, brasileiro; descobrimento, graficamente, moçambicano.

2.º Recebem, no entanto, acento agudo:

a) As palavras paroxítonas que apresentam na sílaba tónica/tônica as vogais abertas grafadas a, e, o e ainda i ou u e que terminam em -l, -n, -r, -x e -ps, assim como, salvo raras exceções, as respetivas formas do plural, algumas das quais passam a proparoxítonas: amável (pl. amáveis), Aníbal, dócil (pl. dóceis) dúctil (pl. dúcteis), fóssil (pl. fósseis), réptil (pl. répteis; var. reptil, pl. reptis); cármen (pl. cármenes ou carmens; var. carme, pl. carmes); dólmen (pl. dólmenes ou dolmens), éden (pl. édenes ou edens), líquen (pl. líquenes), lúmen (pl. lúmenes ou lumens); açúcar (pl. açúcares), almíscar (pl. almíscares), cadáver (pl. cadáveres), caráter ou carácter (mas pl. carateres ou caracteres), ímpar (pl. ímpares); Ajax, córtex (pl. córtex; var. córtice, pl. córtices), índex (pl. index; var. índice, pl. índices), tórax (pl. tórax ou tóraxes; var. torace, pl. toraces); bíceps (pl. bíceps; var. bicípite, pl. bicípites), fórceps (pl. fórceps; var. fórcipe, pl. fórcipes).

Obs.: Muito poucas palavras deste tipo, com as vogais tónicas/tônicas grafadas e e o em fim de sílaba, seguidas das consoantes nasais grafadas m e n, apresentam oscilação de timbre nas pronúncias cultas da língua e, por conseguinte, também de acento gráfico (agudo ou circunflexo): sémen e sêmen, xénon e xênon; fémur e fêmur, vómer e vômer, Fénix e Fênix, ónix e ônix;

b) As palavras paroxítonas que apresentam na sílaba tónica/tônica as vogais abertas grafadas a, e, o e ainda i ou u e que terminam em -ã(s), -ão(s), -ei(s), -i(s), -um, -uns, ou -us: órfã (pl. órfãs), acórdão (pl. acórdãos), órfão (pl. órfãos), órgão (pl. órgãos), sótão (pl. sótãos); hóquei, jóquei (pl. jóqueis), amáveis (pl. de amável), fáceis (pl. de fácil), fósseis (pl. de fóssil), amáreis (de amar), amáveis (id.), cantaríeis (de cantar), fizéreis (de fazer), fizésseis (id.); beribéri (pl. beribéris), bílis (sg. e pl.), íris (sg. e pl.), júri (pl. júris), oásis (sg. e pl.); álbum (pl. álbuns), fórum (pl. fóruns); húmus (sg. e pl.), vírus (sg. e pl.).

Obs.: Muito poucas paroxítonas deste tipo, com as vogais tónicas/tônicas grafadas e e o em fim de sílaba, seguidas das consoantes nasais grafadas m e n, apresentam oscilação de timbre nas pronúncias cultas da língua, o qual é assinalado com acento agudo, se aberto, ou circunflexo, se fechado: pónei e pônei; gónis e gônis, pénis e pênis, ténis e tênis; bónus e bônus, ónus e ônus, tónus e tônus, Vénus e Vênus.

3.º Não se acentuam graficamente os ditongos representados por ei e oi da sílaba tónica/tônica das palavras paroxítonas, dado que existe oscilação em muitos casos entre o fechamento e a abertura na sua articulação: assembleia, boleia, ideia, tal como aldeia, baleia, cadeia, cheia, meia; coreico, epopeico, onomatopeico, proteico; alcaloide, apoio (do verbo apoiar), tal como apoio (subst.), Azoia, boia, boina, comboio (subst.), tal como comboio, comboias, etc. (do verbo comboiar), dezoito, estroina, heroico, introito, jiboia, moina, paranoico, zoina.

4.º É facultativo assinalar com acento agudo as formas verbais de pretérito perfeito do indicativo, do tipo amámos, louvámos, para as distinguir das correspondentes formas do presente do indicativo (amamos, louvamos), já que o timbre da vogal tónica/tônica é aberto naquele caso em certas variantes do português.

5.º Recebem acento circunflexo:
  a) As palavras paroxítonas que contêm, na sílaba tónica/tônica, as vogais fechadas com a grafia a, e, o e que terminam em -l, -n, -r ou -x, assim como as respetivas formas do plural, algumas das quais se tornam proparoxítonas: cônsul (pl. cônsules), pênsil (pl. pênseis), têxtil (pl. têxteis); cânon, var. cânone (pl. cânones), plâncton (pl. plânctons); Almodôvar, aljôfar (pl. aljôfares), âmbar (pl. âmbares), Câncer, Tânger; bômbax (sg. e pl.), bômbix, var. bômbice (pl. bômbices);
  b) As palavras paroxítonas que contêm, na sílaba tónica/tônica, as vogais fechadas com a grafia a, e, o e que terminam em -ão(s), -eis, -i(s) ou -us: bênção(s), côvão(s), Estêvão, zângão(s); devêreis (de dever), escrevêsseis (de escrever), fôreis (de ser e ir), fôsseis (id.), pênseis (pl. de pênsil), têxteis (pl. de têxtil); dândi(s), Mênfis; ânus;

c) As formas verbais têm e vêm, 3.as pessoas do plural do presente do indicativo de ter e vir, que são foneticamente paroxítonas (ver documento original); cf. as antigas grafias preteridas, (ver documento original), a fim de distinguirem de tem e vem, 3.as pessoas do singular do presente do indicativo ou 2.as pessoas do singular do imperativo; e também as correspondentes formas compostas, tais como: abstêm (cf. abstém), advêm (cf. advém), contêm (cf. contém), convêm (cf. convém), desconvêm (cf. desconvém), detêm (cf. detém), entretêm (cf. entretém), intervêm (cf. intervém), mantêm (cf. mantém), obtêm (cf. obtém), provêm (cf. provém), sobrevêm (cf. sobrevém.
Obs.: Também neste caso são preteridas as antigas grafias (ver documento original).

6.º Assinalam-se com acento circunflexo:
   a) Obrigatoriamente, pôde (3.ª pessoa do singular do pretérito perfeito do indicativo), que se distingue da correspondente forma do presente do indicativo (pode);
   b) Facultativamente, dêmos (1.ª pessoa do plural do presente do conjuntivo), para se distinguir da correspondente forma do pretérito perfeito do indicativo (demos); fôrma (substantivo), distinta de forma (substantivo; 3.ª pessoa do singular do presente do indicativo ou 2.ª pessoa do singular do imperativo do verbo formar).

7.º Prescinde-se de acento circunflexo nas formas verbais paroxítonas que contêm um e tónico/tônico oral fechado em hiato com a terminação -em da 3.ª pessoa do plural do presente do indicativo ou do conjuntivo, conforme os casos: creem, deem (conj.), descreem, desdeem (conj.), leem, preveem, redeem (conj.), releem, reveem, tresleem, veem.

8.º Prescinde-se igualmente do acento circunflexo para assinalar a vogal tónica/tônica fechada com a grafia o em palavras paroxítonas como enjoo, substantivo e flexão de enjoar, povoo, flexão de povoar, voo, substantivo e flexão de voar, etc.

9.º Prescinde-se, quer do acento agudo, quer do circunflexo, para distinguir palavras paroxítonas que, tendo respetivamente vogal tónica/tônica aberta ou fechada, são homógrafas de palavras proclíticas. Assim, deixam de se distinguir pelo acento gráfico: para (á), flexão de parar, e para, preposição; pela(s) (é), substantivo e flexão de pelar, e pela(s), combinação de per e la(s); pelo (é), flexão de pelar, e pelo(s) (ê), substantivo ou combinação de per e lo(s); polo(s) (ó), substantivo, e polo(s), combinação antiga e popular de por e lo(s); etc.

10.º Prescinde-se igualmente de acento gráfico para distinguir paroxítonas homógrafas heterofónicas/heterofônicas do tipo de acerto (ê), substantivo e acerto (é), flexão de acertar; acordo (ô), substantivo, e acordo (ó), flexão de acordar; cerca (ê), substantivo, advérbio e elemento da locução prepositiva cerca de, e cerca (é), flexão de cercar; coro (ô), substantivo, e coro (ó), flexão de corar; deste (ê), contração da preposição de com o demonstrativo este, e deste (é), flexão de dar; fora (ô), flexão de ser e ir, e fora (ó), advérbio, interjeição e substantivo; piloto (ô), substantivo, e piloto (ó), flexão de pilotar, etc.

Base X
Da acentuação das vogais tónicas/tônicas grafadas i e u das palavras oxítonas e paroxítonas

1.º As vogais tónicas/tônicas grafadas i e u das palavras oxítonas e paroxítonas levam acento agudo quando antecedidas de uma vogal com que não formam ditongo e desde que não constituam sílaba com a eventual consoante seguinte, excetuando o caso de s: adaís (pl. de adail), aí, atraí (de atrair), baú, caís, (de cair), Esaú, jacuí, Luís, país, etc.; alaúde, amiúde, Araújo, Ataíde, atraíam (de atrair), atraísse (id.), baía, balaústre, cafeína, ciúme, egoísmo, faísca, faúlha, graúdo, influíste (de influir), juízes, Luísa, miúdo, paraíso, raízes, recaída, ruína, saída, sanduíche, etc.

2.º As vogais tónicas/tônicas grafadas i e u das palavras oxítonas e paroxítonas não levam acento agudo quando, antecedidas de vogal com que não formam ditongo, constituem sílaba com a consoante seguinte, como é o caso de nh, l, m, n, r e z: bainha, moinho, rainha; adail, paul, Raul; Aboim, Coimbra, ruim; ainda, constituinte, oriundo, ruins, triunfo; at – (ver documento original).

3.º Em conformidade com as regras anteriores leva acento agudo a vogal tónica/tônica grafada i das formas oxítonas terminadas em r dos verbos em -air e -uir, quando estas se combinam com as formas pronominais clíticas -lo(s), -la(s), que levam à assimilação e perda daquele -r: atraí-lo(s) [de atraír-lo(s)]; atraí-lo(s)-ia [de atrair-lo(s)-ia)]; possuí-la(s) [de possuir-la(s)]; possuí-la(s)-ia [de possuir-la(s)-ia)].

4.º Prescinde-se do acento agudo nas vogais tónicas/tônicas grafadas i e u das palavras paroxítonas, quando elas estão precedidas de ditongo: baiuca, boiuno, cauila (var. cauira), cheiinho (de cheio), saiinha (de saia).

5.º Levam, porém, acento agudo as vogais tónicas/tônicas grafadas i e u quando, precedidas de ditongo, pertencem a palavras oxítonas e estão em posição final ou seguidas de s: Piauí, teiú, teiús, tuiuiú, tuiuiús.

  Obs.: Se, neste caso, a consoante final for diferente de s, tais vogais dispensam o acento agudo: cauim.

6.º Prescinde-se do acento agudo nos ditongos tónicos/tônicos grafados iu e ui, quando precedidos de vogal: distraiu, instruiu, pauis (pl. de paul).

7.º Os verbos arguir e redarguir prescindem do acento agudo na vogal tónica/tônica grafada u nas formas rizotónicas/rizotônicas: arguo, arguis, argui, arguem; argua, arguas, argua, arguam. Os verbos do tipo de aguar, apaniguar, apaziguar, apropinquar, averiguar, desaguar, enxaguar, obliquar, delinquir e afins, por oferecerem dois paradigmas, ou têm as formas rizotónicas/rizotônicas igualmente acentuadas no u mas sem marca gráfica (a exemplo de averiguo, averiguas, averigua, averiguam; averigue, averigues, averigue, averiguem; enxaguo, enxaguas, enxagua, enxaguam; enxague, enxagues, enxague, enxaguem, etc.; delinquo, delinquis, delinqui, delinquem;

mas delinquimos, delinquís) ou têm as formas rizotónicas/rizotônicas acentuadas fónica/fônica e graficamente nas vogais a ou i radicais (a exemplo de averíguo, averíguas, averígua, averíguam; averígue, averígues, averígue, averíguem; enxáguo, enxáguas, enxágua, enxáguam; enxágue, enxágues, enxágue, enxáguem; delínquo, delínques, delínque, delínquem; delínqua, delínquas, delínqua, delínquam).

Obs.: Em conexão com os casos acima referidos, registe-se que os verbos em -ingir (atingir, cingir, constringir, infringir, tingir, etc.) e os verbos em -inguir sem prolação do u (distinguir, extinguir, etc.) têm grafias absolutamente regulares (atinjo, atinja atinge, atingimos, etc.; distingo, distinga, distingue, distinguimos, etc.).

Base XI

Da acentuação gráfica das palavras proparoxítonas

1.º Levam acento agudo:
   a) As palavras proparoxítonas que apresentam na sílaba tónica/tônica as vogais abertas grafadas a, e, o e ainda i, u ou ditongo oral começado por vogal aberta: árabe, cáustico, Cleópatra, esquálido, exército, hidráulico, líquido, míope, músico, plástico, prosélito, público, rústico, tétrico, último;
   b) As chamadas proparoxítonas aparentes, isto é, que apresentam na sílaba tónica/tônica as vogais abertas grafadas a, e, o e ainda i, u ou ditongo oral começado por vogal aberta, e que terminam por sequências vocálicas pós-tónicas/pós-tônicas praticamente consideradas como ditongos crescentes (-ea, -eo, -ia, -ie, -io, -oa, -ua, -uo, etc.): álea, náusea; etéreo, níveo; enciclopédia, glória; barbárie, série; lírio, prélio; mágoa, nódoa; exígua, língua; exíguo, vácuo.

2.º Levam acento circunflexo:
   a) As palavras proparoxítonas que apresentam na sílaba tónica/tônica vogal fechada ou ditongo com a vogal básica fechada: anacreôntico, brêtema, cânfora, cômputo, devêramos (de dever), dinâmico, êmbolo, excêntrico, fôssemos (de ser e ir),

Grândola, hermenêutica, lâmpada, lôstrego, lôbrego, nêspera, plêiade, sôfrego, sonâmbulo, trôpego;
b) As chamadas proparoxítonas aparentes, isto é, que apresentam vogais fechadas na sílaba tónica/tônica e terminam por sequências vocálicas pós-tónicas/pós-tônicas praticamente consideradas como ditongos crescentes: amêndoa, argênteo, côdea, Islândia, Mântua, serôdio.

3.º Levam acento agudo ou acento circunflexo as palavras proparoxítonas, reais ou aparentes, cujas vogais tónicas/tônicas grafadas e ou o estão em final de sílaba e são seguidas das consoantes nasais grafadas m ou n, conforme o seu timbre é, respetivamente, aberto ou fechado nas pronúncias cultas da língua: académico/acadêmico, anatómico/anatômico, cénico/cênico, cómodo/cômodo, fenómeno/fenômeno, género/gênero, topónimo/topônimo; Amazónia/Amazônia, António/Antônio, blasfémia/blasfêmia, fémea/fêmea, gémeo/gêmeo, génio/gênio, ténue/tênue.

Base XII

Do emprego do acento grave

1.º Emprega-se o acento grave:
   a) Na contração da preposição a com as formas femininas do artigo ou pronome demonstrativo o: à (de a + a), às (de a + as);
   b) Na contração da preposição a com os demonstrativos aquele, aquela, aqueles, aquelas e aquilo ou ainda da mesma preposição com os compostos aqueloutro e suas flexões: àquele(s), àquela(s), àquilo; àqueloutro(s), àqueloutra(s).

Base XIII

Da supressão dos acentos em palavras derivadas

1.º Nos advérbios em -mente, derivados de adjetivos com acento agudo ou circunflexo, estes são suprimidos: avidamente (de ávido), debilmente (de débil), facilmente (de fácil), habilmente (de hábil), ingenuamente (de ingénuo), lucidamente (de lúcido), mamente (de má), somente (de só), unicamente (de único), etc.; candidamente (de cândido), cortesmente (de cortês), dinamicamente (de dinâmico), espontaneamente (de espontâneo), portuguesmente (de português), romanticamente (de romântico).

2.º Nas palavras derivadas que contêm sufixos iniciados por z e cujas formas de base apresentam vogal tónica/tônica com acento agudo ou circunflexo, estes são suprimidos: aneizinhos (de anéis), avozinha (de avó), bebezito (de bebé), cafezada (de café), chapeuzinho (de chapéu), chazeiro (de chá), heroizito (de herói), ilheuzito (de ilhéu), mazinha (de má), orfãozinho (de órfão), vintenzito (de vintém), etc.; avozinho (de avô), bênçãozinha (de bênção), lampadazita (de lâmpada), pessegozito (de pêssego).

Base XIV

Do trema

O trema, sinal de diérese, é inteiramente suprimido em palavras portuguesas ou aportuguesadas. Nem sequer se emprega na poesia, mesmo que haja separação de duas vogais que normalmente formam ditongo: saudade, e não saüdade, ainda que tetrassílabo; saudar, e não saüdar, ainda que trissílabo; etc.

Em virtude desta supressão, abstrai-se de sinal especial, quer para distinguir, em sílaba átona, um i ou um u de uma vogal da sílaba anterior, quer para distinguir, também em sílaba átona, um i ou um u de um ditongo precedente, quer para distinguir, em sílaba tónica/tônica ou átona, o u de gu ou de qu de um e ou i seguintes: arruinar, constituiria, depoimento, esmiuçar, faiscar, faulhar, oleicultura, paraibano, reunião; abaiucado, auiqui, caiuá, cauixi, piauiense; aguentar, anguiforme, arguir, bilíngue (ou bilingue), lingueta, linguista, linguístico; cinquenta, equestre, frequentar, tranquilo, ubiquidade.

Obs.: Conserva-se, no entanto, o trema, de acordo com a base I, 3.º, em palavras derivadas de nomes próprios estrangeiros: hübneriano, de Hübner, mülleriano, de Müller, etc.

Base XV

Do hífen em compostos, locuções e encadeamentos vocabulares

1.º Emprega-se o hífen nas palavras compostas por justaposição que não contêm formas de ligação e cujos elementos, de natureza nominal, adjetival, numeral ou verbal, constituem uma unidade sintagmática e semântica e mantêm acento próprio, podendo dar-se o caso de o primeiro elemento estar reduzido: ano-luz, arcebispo-bispo, arco-íris, decreto-lei, és-sueste, médico-cirurgião, rainha-cláudia, tenente-coronel, tio-avô, turma-piloto; alcaide-mor, amor-perfeito, guarda-noturno, mato-grossense, norte-americano, porto-alegrense, sul-africano; afro-asiático, afro-luso-brasileiro, azul-escuro, luso-brasileiro, primeiro-ministro, primeiro-sargento, primo-infeção, segunda-feira; conta-gotas, finca-pé, guarda-chuva.

Obs.: Certos compostos, em relação aos quais se perdeu, em certa medida, a noção de composição, grafam-se aglutinadamente: girassol, madressilva, mandachuva, pontapé, paraquedas, paraquedista, etc.

2.º Emprega-se o hífen nos topónimos/topônimos compostos iniciados pelos adjetivos grã, grão ou por forma verbal ou cujos elementos estejam ligados por artigo: Grã-Bretanha, Grão-Pará; Abre-Campo; Passa-Quatro, Quebra-Costas, Quebra-Dentes, Traga-Mouros, Trinca-Fortes; Albergaria-a-Velha, Baía de Todos-os-Santos, Entre-os-Rios, Montemor-o-Novo, Trás-os-Montes.

Obs.: Os outros topónimos/topônimos compostos escrevem-se com os elementos separados, sem hífen: América do Sul, Belo Horizonte, Cabo Verde, Castelo Branco, Freixo de Espada à Cinta, etc. O topónimo/topônimo Guiné-Bissau é, contudo, uma exceção consagrada pelo uso.

3.º Emprega-se o hífen nas palavras compostas que designam espécies botânicas e zoológicas, estejam ou não ligadas por preposição ou qualquer outro elemento: abóbora-menina, couve-flor, erva-doce, feijão-verde; benção-de-deus, erva-do-chá, ervilha-de-cheiro, fava-de-santo-inácio; bem-me-quer (nome de planta que também se dá à margarida e ao malmequer); andorinha-grande, cobra-capelo, formiga-branca; andorinha-do-mar, cobra-d'água, lesma-de-conchinha; bem-te-vi (nome de um pássaro).

4.º Emprega-se o hífen nos compostos com os advérbios bem e mal, quando estes formam com o elemento que se lhes segue uma unidade sintagmática e semântica e tal elemento começa por vogal ou h. No entanto, o advérbio bem, ao contrário de mal, pode não se aglutinar com palavras começadas por consoante. Eis alguns exemplos das várias situações: bem-aventurado, bem-estar, bem-humorado; mal-afortunado, mal-estar, mal-humorado; bem-criado (cf. malcriado), bem-ditoso (cf. malditoso), bem-falante (cf. malfalante), bem-mandado (cf. malmandado), bem-nascido (cf. malnascido), bem-soante (cf. malsonante), bem-visto (cf. malvisto).

Obs.: Em muitos compostos o advérbio bem aparece aglutinado com o segundo elemento, quer este tenha ou não vida à parte: benfazejo, benfeito, benfeitor, benquerença, etc.

5.º Emprega-se o hífen nos compostos com os elementos além, aquém, recém e sem: além-Atlântico, além-mar, além-fronteiras; aquém-mar, aquém-Pirenéus; recém-casado, recém-nascido; sem-cerimónia, sem-número, sem-vergonha.

6.º Nas locuções de qualquer tipo, sejam elas substantivas, adjetivas, pronominais, adverbiais, prepositivas ou conjuncionais,
não se emprega em geral o hífen, salvo algumas exceções já consagradas pelo uso (como é o caso de água-de-colónia, arco-da-velha, cor-de-rosa, mais-que-perfeito, pé-de-meia, ao deus-dará, à queima-roupa). Sirvam, pois, de exemplo de emprego sem hífen as seguintes locuções:
   a) Substantivas: cão de guarda, fim de semana, sala de jantar;
   b) Adjetivas: cor de açafrão, cor de café com leite, cor de vinho;
   c) Pronominais: cada um, ele próprio, nós mesmos, quem quer que seja;
   d) Adverbiais: à parte (note-se o substantivo aparte), à vontade, de mais (locução que se contrapõe a de menos; note-se demais, advérbio, conjunção, etc.), depois de amanhã, em cima, por isso;
   e) Prepositivas: abaixo de, acerca de, acima de, a fim de, a par de, à parte de, apesar de, aquando de, debaixo de, enquanto a, por baixo de, por cima de, quanto a;
   f) Conjuncionais: a fim de que, ao passo que, contanto que, logo que, por conseguinte, visto que.

7.º Emprega-se o hífen para ligar duas ou mais palavras que ocasionalmente se combinam, formando, não propriamente vocábulos, mas encadeamentos vocabulares (tipo: a divisa Liberdade-Igualdade-Fraternidade, a ponte Rio-Niterói, o percurso Lisboa-Coimbra-Porto, a ligação Angola-Moçambique) e bem assim nas combinações históricas ou ocasionais de topónimos/topônimos (tipo: Áustria-Hungria, Alsácia-Lorena, Angola-Brasil, Tóquio-Rio de Janeiro, etc.).

Base XVI

Do hífen nas formações por prefixação, recomposição e sufixação

1.º Nas formações com prefixos (como, por exemplo: ante-, anti-, circum-, co-, contra-, entre-, extra-, hiper-, infra-, intra-, pós-, pré-, pró-, sobre-, sub-, super-, supra-, ultra-, etc.) e em formações por recomposição, isto é, com elementos não autónomos ou falsos prefixos, de origem grega e latina (tais como: aero-, agro-, arqui-, auto-, bio-, eletro-, geo-, hidro-, inter-, macro-, maxi-, micro-, mini-, multi-, neo-, pan-, pluri-, proto-, pseudo-, retro-, semi-, tele-, etc.), só se emprega o hífen nos seguintes casos:

a) Nas formações em que o segundo elemento começa por h: anti-higiénico/anti-higiênico, circum-hospitalar, co-herdeiro, contra-harmónico/contra-harmônico, extra-humano, pré-história, sub-hepático, super-homem, ultra-hiperbólico; arqui-hipérbole, eletro-higrómetro, geo-história, neo-helénico/neo-helênico, pan-helenismo, semi-hospitalar.

Obs.: Não se usa, no entanto, o hífen em formações que contêm em geral os prefixos des- e in- e nas quais o segundo elemento perdeu o h inicial: desumano, desumidificar, inábil, inumano, etc.;

b) Nas formações em que o prefixo ou pseudoprefixo termina na mesma vogal com que se inicia o segundo elemento: anti-ibérico, contra-almirante, infra-axilar, supra-auricular; arqui-irmandade, auto-observação, eletro-ótica, micro-onda, semi-interno.

Obs.: Nas formações com o prefixo co-, este aglutina-se em geral com o segundo elemento mesmo quando iniciado por o: coobrigação, coocupante, coordenar, cooperação, cooperar, etc.;

c) Nas formações com os prefixos circum- e pan-, quando o segundo elemento começa por vogal, m ou n [além de h, caso já considerado atrás na alínea a)]: circum-escolar, circum-murado, circum-navegação; pan-africano, pan-mágico, pan-negritude;

d) Nas formações com os prefixos hiper-, inter- e super-, quando combinados com elementos iniciados por r: hiper-requintado, inter-resistente, super-revista;

e) Nas formações com os prefixos ex- (com o sentido de estado anterior ou cessamento), sota-, soto-, vice- e vizo-: ex-almirante, ex-diretor, ex-hospedeira, ex-presidente, ex-primeiro-ministro, ex-rei; sota-piloto, soto-mestre, vice-presidente, vice-reitor, vizo-rei;

f) Nas formações com os prefixos tónicos/tônicos acentuados graficamente pós-, pré- e pró-, quando o segundo elemento tem vida à parte (ao contrário do que acontece com as correspondentes formas átonas que se aglutinam com o elemento seguinte): pós-graduação, pós-tónico/pós-tônico (mas pospor); pré-escolar, pré-natal (mas prever); pró-africano, pró-europeu (mas promover).

2.º Não se emprega, pois, o hífen:
a) Nas formações em que o prefixo ou falso prefixo termina em vogal e o segundo elemento começa por r ou s, devendo estas consoantes duplicar-se, prática aliás já generalizada em palavras deste tipo pertencentes aos domínios científico e técnico. Assim: antirreligioso, antissemita, contrarregra, contrassenha, cosseno, extrarregular, infrassom, minissaia, tal como biorritmo, biossatélite, eletrossiderurgia, microssistema, microrradiografia;

b) Nas formações em que o prefixo ou pseudoprefixo termina em vogal e o segundo elemento começa por vogal diferente, prática esta em geral já adotada também para os termos técnicos e científicos. Assim: antiaéreo, coeducação, extraescolar, aeroespacial, autoestrada, autoaprendizagem, agroindustrial, hidroelétrico, plurianual.

3.º Nas formações por sufixação apenas se emprega o hífen nos vocábulos terminados por sufixos de origem tupi-guarani que representam formas adjetivas, como açu, guaçu e mirim, quando o primeiro elemento acaba em vogal acentuada graficamente ou quando a pronúncia exige a distinção gráfica dos dois elementos: amoré-guaçu, anajá-mirim, andá-açu, capim-açu, Ceará-Mirim.

Base XVII

Do hífen na ênclise, na tmese e com o verbo haver

1.º Emprega-se o hífen na ênclise e na tmese: amá-lo, dá-se, deixa-o, partir-lhe; amá-lo-ei, enviar-lhe-emos.

2.º Não se emprega o hífen nas ligações da preposição de às formas monossilábicas do presente do indicativo do verbo haver: hei de, hás de, hão de, etc.

Obs.: 1 – Embora estejam consagradas pelo uso as formas verbais quer e requer, dos verbos querer e requerer, em vez de quere e requere, estas últimas formas conservam-se, no entanto, nos casos de ênclise: quere-o(s), requere-o(s). Nestes contextos, as formas (legítimas, aliás) qué-lo e requé-lo são pouco usadas.

2 – Usa-se também o hífen nas ligações de formas pronominais enclíticas ao advérbio eis (eis-me, ei-lo) e ainda nas combinações de formas pronominais do tipo no-lo, vo-las, quando em próclise (por exemplo: esperamos que no-lo comprem).

Base XVIII

Do apóstrofo

1.º São os seguintes os casos de emprego do apóstrofo:

    a) Faz-se uso do apóstrofo para cindir graficamente uma contração ou aglutinação vocabular, quando um elemento ou fração respetiva pertence propriamente a um conjunto vocabular distinto: d' Os Lusíadas, d' Os Sertões; n' Os Lusíadas, n' Os Sertões; pel' Os Lusíadas, pel' Os Sertões. Nada obsta, contudo, a que estas escritas sejam substituídas por empregos de preposições íntegras, se o exigir razão especial de clareza, expressividade ou ênfase: de Os Lusíadas, em Os Lusíadas, por Os Lusíadas, etc.

As cisões indicadas são análogas às dissoluções gráficas que se fazem, embora sem emprego do apóstrofo, em combinações da preposição a com palavras pertencentes a conjuntos vocabulares imediatos: a A Relíquia, a Os Lusíadas (exemplos: importância atribuída a A Relíquia; recorro a Os Lusíadas). Em tais casos, como é óbvio, entende-se que a dissolução gráfica nunca impede na leitura a combinação fonética: a A = à, a Os = aos, etc.;

b) Pode cindir-se por meio do apóstrofo uma contração ou aglutinação vocabular, quando um elemento ou fração respetiva é forma pronominal e se lhe quer dar realce com o uso da maiúscula: d'Ele, n'Ele, d'Aquele, n'Aquele, d'O, n'O, pel'O, m'O, t'O, lh'O, casos em que a segunda parte, forma masculina, é aplicável a Deus, a Jesus, etc.; d'Ela, n'Ela, d'Aquela, n'Aquela, d'A, n'A, pel'A, m'A, t'A, lh'A, casos em que a segunda parte, forma feminina, é aplicável à mãe de Jesus, à Providência, etc. Exemplos frásicos: confiamos n'O que nos salvou; esse milagre revelou-m'O; está n'Ela a nossa esperança; pugnemos pel'A que é nossa padroeira.

À semelhança das cisões indicadas, pode dissolver-se graficamente, posto que sem uso do apóstrofo, uma combinação da preposição a com uma forma pronominal realçada pela maiúscula: a O, a Aquele, a Aquela (entendendo-se que a dissolução gráfica nunca impede na leitura a combinação fonética: a O = ao, a Aquela = àquela, etc.). Exemplos frásicos: a O que tudo pode, a Aquela que nos protege;

c) Emprega-se o apóstrofo nas ligações das formas santo e santa a nomes do hagiológio, quando importa representar a elisão das vogais finais o e a: Sant'Ana, Sant'Iago, etc. É, pois, correto escrever: Calçada de Sant'Ana, Rua de Sant'Ana; culto de Sant'Iago, Ordem de Sant'Iago. Mas, se as ligações deste género, como é o caso destas mesmas Sant'Ana e Sant'Iago, se tornam perfeitas unidades mórficas, aglutinam-se os dois elementos: Fulano de Santana, ilhéu de Santana, Santana de Parnaíba; Fulano de Santiago, ilha de Santiago, Santiago do Cacém.

Em paralelo com a grafia Sant'Ana e congéneres, emprega-se também o apóstrofo nas ligações de duas formas antroponímicas, quando é necessário indicar que na primeira se elide um o final: Nun'Álvares, Pedr'Eanes.

Note-se que nos casos referidos as escritas com apóstrofo, indicativas de elisão, não impedem, de modo algum, as escritas sem apóstrofo: Santa Ana, Nuno Álvares, Pedro Álvares, etc.;

d) Emprega-se o apóstrofo para assinalar, no interior de certos compostos, a elisão do e da preposição de, em combinação com os substantivos: borda-d'água, cobra-d'água, copo-d'água, estrela-d'alva, galinha-d'água, mãe-d'água, pau-d'água, pau-d'alho, pau-d'arco, pau-d'óleo.

2.º São os seguintes os casos em que não se usa o apóstrofo:

Não é admissível o uso do apóstrofo nas combinações das preposições de e em com as formas do artigo definido, com formas pronominais diversas e com formas adverbiais [exceptuando o que se estabelece em 1.º,a), e 1.º,b)]. Tais combinações são representadas:

a) Por uma só forma vocabular, se constituem, de modo fixo, uniões perfeitas:

i) do, da, dos, das; dele, dela, deles, delas; deste, desta, destes, destas, disto; desse, dessa, desses, dessas, disso; daquele, daquela, daqueles, daquelas, daquilo; destoutro, destoutra, destroutos, destoutras; dessoutro, dessoutra, dessoutros, dessoutras; daqueloutro, daqueloutra, daqueleoutros, daqueloutras; daqui; daí; dali; dacolá; donde; dantes (= antigamente);

ii) no, na, nos, nas; nele, nela, neles, nelas; neste, nesta, nestes, nestas, nisto; nesse, nessa, nesses, nessas, nisso; naquele, naquela, naqueles, naquelas, naquilo; nestoutro, nestoutra, nestoutros, nestoutras; nessoutro, nessoutra, nessoutros, nessoutras; naqueloutro, naqueloutra, naqueloutros,

naqueloutras; num, numa, nuns, numas; noutro, noutra, noutros, noutras, noutrem; nalgum, nalguma, nalguns, nalgumas, nalguém;
b) Por uma ou duas formas vocabulares, se não constituem, de modo fixo, uniões perfeitas (apesar de serem correntes com esta feição em algumas pronúncias): de um, de uma, de uns, de umas, ou dum, duma, duns, dumas; de algum, de alguma, de alguns, de algumas, de alguém, de algo, de algures, de alhures, ou dalgum, dalguma, dalguns, dalgumas, dalguém, dalgo, dalgures, dalhures; de outro, de outra, de outros, de outras, de outrem, de outrora, ou doutro, doutra, doutros, doutras, doutrem, doutrora; de aquém ou daquém; de além ou dalém; de entre ou dentre.

De acordo com os exemplos deste último tipo, tanto se admite o uso da locução adverbial de ora avante como do advérbio que representa a contração dos seus três elementos: doravante.

Obs.: Quando a preposição de se combina com as formas articulares ou pronominais o, a, os, as, ou com quaisquer pronomes ou advérbios começados por vogal, mas acontece estarem essas palavras integradas em construções de infinitivo, não se emprega o apóstrofo, nem se funde a preposição com a forma imediata, escrevendo-se estas duas separadamente: a fim de ele compreender; apesar de o não ter visto; em virtude de os nossos pais serem bondosos; o facto de o conhecer; por causa de aqui estares.

Base XIX

Das minúsculas e maiúsculas

1.º A letra minúscula inicial é usada:
   a) Ordinariamente, em todos os vocábulos da língua nos usos correntes;
   b) Nos nomes dos dias, meses, estações do ano: segunda-feira; outubro; primavera;
   c) Nos biblióminos/bibliônimos (após o primeiro elemento, que é com maiúscula, os demais vocábulos podem ser escritos

com minúscula, salvo nos nomes próprios nele contidos, tudo em grifo): O Senhor do Paço de Ninães, O senhor do paço de Ninães, Menino de Engenho ou Menino de engenho, Árvore e Tambor ou Árvore e tambor;
d) Nos usos de fulano, sicrano, beltrano;
e) Nos pontos cardeais (mas não nas suas abreviaturas): norte, sul (mas: SW sudoeste);
f) Nos axiónimos/axiônimos e hagiónimos/hagiônimos (opcionalmente, neste caso, também com maiúscula): senhor doutor Joaquim da Silva, bacharel Mário Abrantes, o cardeal Bembo; santa Filomena (ou Santa Filomena);
g) Nos nomes que designam domínios do saber, cursos e disciplinas (opcionalmente, também com maiúscula): português (ou Português), matemática (ou Matemática); línguas e literaturas modernas (ou Línguas e Literaturas Modernas).

2.º A letra maiúscula inicial é usada:
  a) Nos antropónimos/antropônimos, reais ou fictícios: Pedro Marques; Branca de Neve, D. Quixote;
  b) Nos topónimos/topônimos, reais ou fictícios: Lisboa, Luanda, Maputo, Rio de Janeiro, Atlântida, Hespéria;
  c) Nos nomes de seres antropomorfizados ou mitológicos: Adamastor; Neptuno/Netuno;
  d) Nos nomes que designam instituições: Instituto de Pensões e Aposentadorias da Previdência Social;
  e) Nos nomes de festas e festividades: Natal, Páscoa, Ramadão, Todos os Santos;
  f) Nos títulos de periódicos, que retêm o itálico: O Primeiro de Janeiro, O Estado de São Paulo (ou S. Paulo);
  g) Nos pontos cardeais ou equivalentes, quando empregados absolutamente: Nordeste, por nordeste do Brasil, Norte, por norte de Portugal, Meio-Dia, pelo sul da França ou de outros países, Ocidente, por ocidente europeu, Oriente, por oriente asiático;
  h) Em siglas, símbolos ou abreviaturas internacionais ou nacionalmente reguladas com maiúsculas, iniciais ou mediais ou

finais ou o todo em maiúsculas: FAO, NATO, ONU; H(índice 2)O; Sr., V. Ex.ª;

i) Opcionalmente, em palavras usadas reverencialmente, aulicamente ou hierarquicamente, em início de versos, em categorizações de logradouros públicos (rua ou Rua da Liberdade, largo ou Largo dos Leões), de templos (igreja ou Igreja do Bonfim, templo ou Templo do Apostolado Positivista), de edifícios (palácio ou Palácio da Cultura, edifício ou Edifício Azevedo Cunha).

Obs.: As disposições sobre os usos das minúsculas e maiúsculas não obstam a que obras especializadas observem regras próprias, provindas de códigos ou normalizações específicas (terminologias antropológica, geológica, bibliológica, botânica, zoológica, etc.), promanadas de entidades científicas ou normalizadoras reconhecidas internacionalmente.

Base XX

Da divisão silábica

A divisão silábica, que em regra se faz pela soletração (a-ba-de, bru-ma, ca-cho, lha-no, ma-lha, ma-nha, má-xi-mo, ó-xi-do, ro-xo, tme-se), e na qual, por isso, se não tem de atender aos elementos constitutivos dos vocábulos segundo a etimologia (a-ba-li-e-nar, bi-sa-vô, de-sa-pa-re-cer, di-sú-ri-co, e-xâ-ni-me, hi-pe-ra-cús-ti-co, i-ná-bil, o-bo-val, su-bo-cu-lar, su-pe-rá-ci-do), obedece a vários preceitos particulares, que rigorosamente cumpre seguir, quando se tem de fazer em fim de linha, mediante o emprego do hífen, a partição de uma palavra:

1.º São indivisíveis no interior de palavra, tal como inicialmente, e formam, portanto, sílaba para a frente as sucessões de duas consoantes que constituem perfeitos grupos, ou sejam (com exceção apenas de vários compostos cujos prefixos terminam em b ou d: ab-legação, ad- ligar, sub- lunar, etc., em vez de a- blegação, a- dligar, su- blunar, etc.) aquelas sucessões em que a primeira consoante é uma labial, uma velar, uma dental ou uma labiodental e a segunda um l ou um r: a- blução, cele- brar, du- plicação, re- primir, a- clamar, de- creto, de- glutição, re- grado; a- tlético, cáte- dra, perímetro; a- fluir, a- fricano, ne- vrose.

2.º São divisíveis no interior da palavra as sucessões de duas consoantes que não constituem propriamente grupos e igualmente as sucessões de m ou n, com valor de nasalidade, e uma consoante: ab- dicar, Ed- gardo, op- tar, sub- por, ab- soluto, ad- jetivo, af- ta, bet- samita, íp- silon, ob- viar, des- cer, dis- ciplina, flores- cer, nascer, res- cisão; ac- ne, ad- mirável, Daf- ne, diafrag- ma, drac- ma, ét- nico, rit- mo, sub- meter, am- nésico, interam- nense; bir- reme, cor- roer, pror- rogar, as- segurar, bis- secular, sos- segar, bissex- to, contex- to, ex- citar, atroz- mente, capaz- mente; infeliz- mente; ambição, desen- ganar, en- xame, man- chu, Mân- lio, etc.

3.º As sucessões de mais de duas consoantes ou de m ou n, com o valor de nasalidade, e duas ou mais consoantes são divisíveis por um de dois meios: se nelas entra um dos grupos que são indivisíveis (de acordo com o preceito 1.º), esse grupo forma sílaba para diante, ficando a consoante ou consoantes que o precedem ligadas à sílaba anterior; se nelas não entra nenhum desses grupos, a divisão dá-se sempre antes da última consoante. Exemplos dos dois casos: cam- braia, ec- lipse, em- blema, ex- plicar, in- cluir, ins- crição, subs- crever, trans- gredir, abs- tenção, disp- neia, inters- telar, lamb- dacismo, sols- ticial, Terp- sícore, tungs- ténio.

4.º As vogais consecutivas que não pertencem a ditongos decrescentes (as que pertencem a ditongos deste tipo nunca se separam: ai- roso, cadei- ra, insti- tui, ora- ção, sacris- tães, traves- sões) podem, se a primeira delas não é u precedido de g ou q, e mesmo que sejam iguais, separar-se na escrita: ala- úde, áre- as, ca- apeba, co- or- denar, do-er, flu- idez, perdo- as, vo-os. O mesmo se aplica aos casos de contiguidade de ditongos, iguais ou diferentes, ou de ditongos e vogais: cai- ais, cai- eis, ensai- os, flu- iu.

5.º Os diagramas gu e qu, em que o u se não pronuncia, nunca se separam da vogal ou ditongo imediato (ne- gue, ne- guei; pe- que, pe- quei), do mesmo modo que as combinações gu e qu em que o u se pronuncia: à- gua, ambí- guo, averi- gueis, longín- quos, lo- quaz, quais- quer.

6.º Na translineação de uma palavra composta ou de uma combinação de palavras em que há um hífen ou mais, se a partição coincide com o final de um dos elementos ou membros, deve, por
clareza gráfica, repetir-se o hífen no início da linha imediata: ex- -alferes, serená- -los-emos ou serená-los- -emos, vice- -almirante.

Base XXI
Das assinaturas e firmas
Para ressalva de direitos, cada qual poderá manter a escrita que, por costume ou registo legal, adote na assinatura do seu nome.
Com o mesmo fim, pode manter-se a grafia original de quaisquer firmas comerciais, nomes de sociedades, marcas e títulos que estejam inscritos em registo público.

Nota final sobre o atual acordo

Vale lembrar que, aqui no Brasil, um dos maiores idealizadores do acordo de 1986/1990-2009, se não o maior deles, foi o saudoso filólogo, lexicógrafo, tradutor, crítico literário, membro das academias brasileiras de Letras e de Filologia, diplomata e ministro da Cultura Antônio Houaiss (1915-1999), cujo vasto conhecimento histórico, filológico e cultural somado à sua experiência como político o levou decerto a pensar a língua como o grande instrumento de realização cultural e política do povo brasileiro e do povo lusófono perante o mundo globalizado.

Muitos talvez estejam certos em acreditar que o texto do acordo e as suas bases devessem ter sido revistos durante os quase vinte anos entre sua apresentação, aprovação e assinatura. Cabe, então, esperar que o diálogo entre os países lusófonos e seus especialistas na área se estabeleça, para que o acordo se torne produtivo para todos e para que, passado o primeiro momento de turbulência, outras soluções para os problemas levantados nesta fase inicial sejam propostas e, se válidas, adotadas.